陳布雷從政日記

（1939）

The Official Diaries of Chen Pu-lei, 1939

民國日記｜總序

呂芳上
民國歷史文化學社社長

　　人是歷史的主體，人性是歷史的內涵。「人事有代謝，往來成古今」（孟浩然），瞭解活生生的「人」，才較能掌握歷史的真相；愈是貼近「人性」的思考，才愈能體會歷史的本質。近代歷史的特色之一是資料閎富而駁雜，由當事人主導、製作而形成的資料，以自傳、回憶錄、口述訪問及日記最為重要，其中日記的完成最即時，描述較能顯現內在的幽微，最受史家重視。

　　日記本是個人記述每天所見聞、所感思、所作為有選擇的紀錄，雖不必能反映史事整體或各個部分的所有細節，但可以掌握史實發展的一定脈絡。尤其個人日記一方面透露個人單獨親歷之事，補足歷史原貌的闕漏；一方面個人隨時勢變化呈現出不同的心路歷程，對同一史事發為不同的看法和感受，往往會豐富了歷史內容。

　　中國從宋代以後，開始有更多的讀書人有寫日記的習慣，到近代更是蔚然成風，於是利用日記史料作歷史

研究成了近代史學的一大特色。本來不同的史料，各有不同的性質，日記記述形式不一，有的像流水帳，有的生動引人。日記的共同主要特質是自我（self）與私密（privacy），史家是史事的「局外人」，不只注意史實的追尋，更有興趣瞭解歷史如何被體驗和講述，這時對「局內人」所思、所行的掌握和體會，日記便成了十分關鍵的材料。傾聽歷史的聲音，重要的是能聽到「原音」，而非「變音」，日記應屬原音，故價值高。1970 年代，在後現代理論影響下，檢驗史料的潛在偏見，成為時尚。論者以為即使親筆日記、函札，亦不必全屬真實。實者，日記記錄可能有偏差，一來自時代政治與社會的制約和氛圍，有清一代文網太密，使讀書人有口難言，或心中自我約束太過。顏李學派李塨死前日記每月後書寫「小心翼翼，俱以終始」八字，心所謂為危，這樣的日記記錄，難暢所欲言，可以想見。二來自人性的弱點，除了「記主」可能自我「美化拔高」之外，主觀、偏私、急功好利、現實等，有意無心的記述或失實、或迴避，例如「胡適日記」於關鍵時刻，不無避實就虛，語焉不詳之處；「閻錫山日記」滿口禮義道德，使用價值略幾近於零，難免令人失望。三來自旁人過度用心的整理、剪裁、甚至「消音」，如「陳誠日記」、「胡宗南日記」，均不免有斧鑿痕跡，不論立意多麼良善，都會是史學研究上難以彌補的損失。史料之於歷史研究，一如「盡信書不如無書」的話語，對證、勘比是個基本功。或謂使用材料多方查證，有如老吏斷獄、

法官斷案，取證求其多，追根究柢求其細，庶幾還原案貌，以證據下法理註腳，盡力讓歷史真相水落可石出。是故不同史料對同一史事，記述會有異同，同者互證，異者互勘，於是能逼近史實。而勘比、互證之中，以日記比證日記，或以他人日記，證人物所思所行，亦不失為一良法。

從日記的內容、特質看，研究日記的學者鄒振環，曾將日記概分為記事備忘、工作、學術考據、宗教人生、游歷探險、使行、志感抒情、文藝、戰難、科學、家庭婦女、學生、囚亡、外人在華日記等十四種。事實上，多半的日記是複合型的，柳貽徵說：「國史有日歷，私家有日記，一也。日歷詳一國之事，舉其大而略其細；日記則洪纖必包，無定格，而一身、一家、一地、一國之真史具焉，讀之視日歷有味，且有補於史學。」近代人物如胡適、吳宓、顧頡剛的大部頭日記，大約可被歸為「學人日記」，余英時翻讀《顧頡剛日記》後說，藉日記以窺測顧的內心世界，發現其事業心竟在求知慾上，1930 年代後，顧更接近的是流轉於學、政、商三界的「社會活動家」，在謹厚恂恂君子後邊，還擁有激盪以至浪漫的情感世界。於是活生生多面向的人，因此呈現出來，日記的作用可見。

晚清民國，相對於昔時，是日記留存、出版較多的時期，這可能與識字率提升、媒體、出版事業發達相關。過去日記的面世，撰著人多半是時代舞台上的要角，他們

的言行、舉動，動見觀瞻，當然不容小覷。但，相對的芸芸眾生，識字或不識字的「小人物」們，在正史中往往是無名英雄，甚至於是「失蹤者」，他們如何參與近代國家的構建，如何共同締造新社會，不應該被埋沒、被忽略。近代中國中西交會、內外戰事頻仍，傳統走向現代，社會矛盾叢生，如何豐富歷史內涵，需要傾聽社會各階層的「原聲」來補足，更寬闊的歷史視野，需要眾人的紀錄來拓展。開放檔案，公布公家、私人資料，這是近代史學界的迫切期待，也是「民國歷史文化學社」大力倡議出版日記叢書的緣由。

導言

劉維開

國立政治大學歷史學系教授

一

　　陳布雷（1890年11月15日－1948年11月13日），
浙江慈谿人，原名訓恩，字彥及，筆名布雷、畏壘。早年
為記者，之後從政，歷任國民政府軍事委員會侍從室第二
處主任、國防最高委員會副秘書長、中國國民黨中央政治
委員會秘書長等職，是蔣中正在大陸時期最倚重的幕僚，
信任之專，難有相比者。從政日記，開始於1935年3月1
日，終止於1948年11月11日逝世前夕，前後十三年又八
個月。事實上，在此之前亦有日記，1935年10月12日，
陳氏曾「整理舊篋，得民國十一年之舊日記三冊，重讀一
過，頗多可回味之處。」然這部份的日記至今並未得見，
僅能於其《回憶錄》了解一二。

二

　　關於《陳布雷從政日記》的流傳經過，陳氏八弟陳
叔同應《傳記文學》社長劉紹唐之邀，撰〈關於陳布雷

日記及其他〉（《傳記文學》第55卷第5期，1989年11月）一文說明。根據陳叔同的記述，陳布雷逝世後，家屬曾將其於1936年及1940年所撰寫之《回憶錄》，即出生至五十歲止之求學與工作經歷，以原始親筆墨蹟於1949年初出版。「不久時局危殆，政府各機關紛紛撤離大陸，正當上海行將淪陷之際，又匆匆將布雷先生自民國二十四年一月起至三十七年十一月十二日其逝世前夕止的親筆日記，全部以拍照縮製卅五米厘微膠卷，裝置小盒，由大陸帶出，分藏於美、臺各家人手中；而日記原稿數十冊，仍留置上海無法運走。」「日記原稿，為毛筆字書寫之十行紙簿本，整十三年之日記，多達數十冊，約五百七十萬字。經製作微膠卷，重僅三百公克，雖當時製作微膠卷技術，遠不如今日，但能安全攜出布雷先生日記於自由地區，實為一大幸事。」日記膠卷攜出後，陳氏家屬一直未作任何處理，至1961年間，臺北方面家屬考慮日記閱讀方便，並能妥善保存，認為似宜設法排印，乃先將每一膠片沖印為5乘7英吋照片，達可直接目視閱讀之程度，以利排版，復由陳布雷六弟陳訓悆於《香港時報》社長任內，在香港排印三十部，每部五冊。

　　陳布雷日記之排印本，起自1935年3月1日。先是陳氏於1934年5月受蔣中正延攬，任軍事委員會委員長南昌行營設計委員會主任。1935年2月，蔣氏修改侍從室組織，分設一、二兩處，以陳氏為侍從室第二處主任兼第五組組長。3月1日，軍事委員會委員長武昌行營成立，陳

氏參加成立典禮,並於是日起始為日記,謂:「自三月起始為日記,自是日日為之,未嘗中輟焉」。日記結束於1948年11月11日,為逝世前二日,時任中國國民黨中央政治委員會秘書長。因日記所涉時間,為陳氏從事政務階段,家屬乃將其題名為「陳布雷先生從政日記」。復以「布雷先生從事黨政工作數十年,雖無顯赫官位,但大部時間,均為輔佐決策當局,暨任總裁文字之役,其內容多涉當時決策及中樞官員,我家人亦深知布雷先生日記之發表殊非所宜」(陳叔同文),因此於題名加「稿樣」兩字,為「陳布雷先生從政日記稿樣」,表示僅為樣書並非正式出版品,由居住在大陸以外地區之家屬各自保存,作為紀念。2016年1月,美國史丹福大學胡佛檔案館宣布由陳布雷侄兒陳迪捐贈的陳布雷日記將完整對外公開。陳迪為陳訓悆長子,因陳布雷日記原件目前藏在南京的中國第二歷史檔案館,該日記應為當年排印《陳布雷先生從政日記稿樣》之依據。

三

《陳布雷先生從政日記稿樣》完成後,並未對外界透露,僅由陳訓悆檢送一套呈報蔣中正鑒核。至1988年2月,南京中國第二歷史檔案館出版的《民國檔案》刊登〈陳布雷日記選－1936年1月－2月〉,首度揭露陳布雷有日記存世。次(1989)年底,臺北《傳記文學》轉載

〈陳布雷日記選－1936年1月－2月〉，同時發表前述陳
叔同撰寫之〈關於陳布雷日記及其他〉一文，外界始知除
日記外，尚有日記排印本由家屬保管。

　　對於《民國檔案》及《傳記文學》刊登陳氏日記一
事，陳叔同於該文中表示「時至今日，此一四十年前涉及
政務黨務之私人日記，早因時移世遷，當事人十九亡故，
再無密而不宣之必要」，但為避免日記出現刪節或斷章取
義等問題，「亟願布雷先生日記持有人，能儘早主動予以
公開發表，以減少其被竄改與造謠欺世之機會」。《傳記
文學》社長劉紹唐亦於該文文末「編者按」中，表示：
「本刊正試洽此一日記稿本交由本刊連載之可能性」，然
似乎未有結果。2002年9月，陳氏長孫陳師孟出任總統府
秘書長後，將《陳布雷先生從政日記稿樣》全套五冊捐贈
國史館典藏，並同意提供研究者參閱。此後，陳布雷日
記排印本正式對外公開，研究者得以參閱，撰寫相關主
題。其中東海大學歷史研究所沈建億在呂芳上教授指導
下，完成碩士論文《蔣介石的幕僚長：陳布雷與民國政治
（1927-1948）》，為日記公開後，第一篇以陳布雷為主
題進行研究之學術論文，內容嚴謹，頗受外界好評。

　　留置在上海之陳布雷日記原稿，據復旦大學歷史文
獻學博士鞠北平在其學位論文《陳布雷文獻資料研究──
從議政到從政》中敘述，文化大革命時被抄家抄走，後來
輾轉流傳到了上海市檔案館。文化大革命結束後，上海市
檔案館將日記歸還家屬，家屬復將日記原件捐獻南京中

國第二歷史檔案館。該館於1988年在《民國檔案》第一期上，選刊1936年1至2月日記的內容，之後未再繼續，原件迄今未對外公開。目前大陸方面有兩個日記版本曾經為研究者運用。一是由陳布雷二子陳過保存之《畏壘室日記》影印件，該件據《陳布雷大傳》作者王泰棟轉述陳過說明，乃因日記原稿委託中國歷史第二檔案館保管，該館依例複印三套給家屬，此為其中一套，共二十九本，自1935年2月至1948年11月11日，缺1941年上半年一本。王泰棟撰寫《陳布雷大傳》、《陳布雷日記解讀——找尋真實的陳布雷》及寧波大學戴光中撰〈從陳布雷日記看其晚年心態〉等，乃依照此版本。一是上海市檔案館之抄寫本，該館將日記原稿歸還陳布雷家屬時，曾經留下了複印本，爾後由複印本衍生出抄寫本。鞠北平撰寫博士論文時所參考陳氏日記，即是其導師、上海市檔案館研究館員馮紹霆提供的抄寫本。抄寫本的內容從1935年3月1日到1948年6月30日，缺少最後四個半月。

四

　　日記是研究歷史人物的重要素材，不僅可以研究傳主一生經歷與思想，同時也可以研究與其相關人物之生平與思想。陳布雷日記每日以敘事性方式記錄，自起床至就寢，整日的工作情況，時間、地點、人物相當明確，內容包括處理公務、會客、出訪、談話等，簡要翔實，1935

年、1936 年日記並有摘錄各方呈送報告內容，實際上就是他的工作日誌。1935 年，陳氏曾隨蔣氏至四川、貴州、雲南等地巡視，對於地方政情及風俗民情多有記錄，可作為抗戰前中央對於西南地區理解之參考。

　　陳氏亦於日記中記錄其自我檢討或對人事之個人意見，為理解其心態之重要參考。如1935 年 7 月 27 日，陳氏以長篇文字反省其短處，列出八項缺點，以及四項「急救之道」與應學習對象，曰：「今晨澈底自省余之短處，不一而足，憤世太深而不能逃世，此一病也。自待甚高，而自修不足，此二病也。既否定自身之能力，而求全好勝名心未除此三病也。憤激之餘，流於冷漠，對人對己均提不起熱情，甚至事務頹弛，酬應都廢，而託於淡泊以自解此四病也。對舊友新交，親疏冷暖，往往過當，有時興酣耳熱，則作交淺言深之箴規，無益於人，徒滋背憎此五病也。對於後進祇知獎掖，不知訓練，又不知保持分際之重要，對於部屬，祇知涉以情感，不知繩以紀律，此六病也。對於公務，不知迅速處理，又不能適當支配，遲迴審顧，遂多擱置，此七病也。手頭事務不能隨到輒了，而心頭時常牽憶不已，徒擾神思，益減興趣，此八病也。受病已深，袪之不易。但既不能逃世長往，則悠悠忽忽，如何其可。急救之道宜從簡易入手。一、戒遲眠；二、戒多言；三、勿求全；四、勿擱置太久。（五日一檢查）其在積極方面：安詳豁達，宜學幾分大哥之長處；熱情周至，宜學幾分四弟之長處；處事有條理宜學幾分黎叔之長處；

交友處世，不脫不黏，宜學幾分佛海之長處；循此行之，庶寡尤悔乎。」在1935年11月中國國民黨五全大會之後，陳氏深感體力心力交疲，兼以黨政機構改組以後，人事接洽，甚感紛紜，乃向蔣氏請准病假一月，杭州養病。在此期間，陳氏對於自身精神狀況多有檢討，如12月20日記道：「自念數年來所更歷之事，對余之志趣無一脗合、表面上雖強自支持，而實際無一事發於自己之志願。牽於情感，俯仰因人。既不能逃世長往，又不能自伸己意。至于體認事理，則不肯含胡，對於責任又過分重視。體弱志強心嬴力絀。積種種矛盾痛苦之煎迫，自民十六年至今，煩紆抑鬱，無日而舒，瀕於狂者屢矣。每念人生唯狂易之疾為最不幸，故常於疾發之際，強自克制，俾心性得以調和。亦賴友朋相諒，遇繁憂錯亂之時，往往許以休息，然內心痛苦，則與日俱深。頗思就所經歷摹寫心理變遷之階段，詳其曲折，敘其因由，名曰『將狂』，作雜感式之紀述，或亦足供研究心理變態者之參考也。」

陳布雷交遊甚廣，在日記中留下了大量的交往記錄，大體而言，可以分為幾個部分：家人、早年就讀浙江高等學校的同學、任教寧波效實中學之同事、新聞圈友人、侍從室同僚、中央及地方黨政人士等，其中尤以最後兩部分在日記所佔分量最多，有時亦會記下對人的品評或個人感想，頗具參考價值。如1936年10月26日，聞湖北省政府主席楊永泰於前一日在漢口碼頭遇刺身亡，記道：「暢卿為人自負太高，言論行動易開罪於人，一般對之毀

譽不一，然其負責之勇，任事之勤，求之近日從政人員中
亦不可多得。竟死非命，至足惜也。」陳氏與楊永泰共事
頗久，此段評論，當為近身觀察所得，可為理解楊氏行事
之參考。再如1936年12月7日，陳氏閱報知黃郛因肝癌
病逝，記道：「黃氏智慮周敏，富於肆應之才，然兩次當
外交之衝，均蒙惡名以去，病中鬱鬱，聞頗不能自解，竟
以隕身，亦時代之犧牲者。」此段記述對於理解黃郛，乃
至黃氏與蔣中正關係之變化，提供了若干訊息。

　　另一方面，陳氏作為蔣中正之重要幕僚，除代擬文
稿、參與會議外，日常與蔣氏接觸頻繁，亦常奉指示，就
重要決策徵詢黨政相關人士意見，這些過程往往記錄於日
記，提供理解蔣氏之側面資料。如1936年5月，陳氏隨侍
蔣氏自廬山返京，於九江搭艦至蕪湖，途中與蔣氏作三十
分鐘之談話，詳述其對於國事之觀察及自身心理煩悶之由
來，蔣氏勸其注意身體，以和而不同為立身之準則，記
道：「委員長謂：種種消極悲觀，多由身體衰弱而起，宜
節勞攝生，對人對事則仍須保持獨立之見解，以和而不同
為立身之準則可耳。」（5月4日）是年9月，成都事件、
北海事件相繼發生，中、日兩國緊張情勢升高，蔣氏時在
廣州，各方催促其返回南京之電報不斷，陳氏於23日記
道：「行政院各部會長昨聯電促委員長歸京，今日孔副院
長亦來電請歸京主持，均奉批『閱』字，但對余言：此間
事畢，則歸京耳。」復記：「晚餐畢，委員長來侍從室，
命予同往散步。旋同至官邸，侍談甚久。見委員長從容鎮

定，對國內政治等仍從容處理。略談外交形勢，亦不如京中諸人之憂急無措，但微窺其意，當亦以大計無可諮商為苦。」再如1948年4月，中國國民黨六屆臨時中全會堅持欲推蔣中正為行憲第一任總統候選人，與蔣氏原意不合，6日晚，蔣氏與陳談話一小時餘，談話內容如何，不得而知，但陳氏於次（7）日日記記錄對蔣談話之感想，曰：「追繹委座昨日之談話，知其對中樞散漫情形甚關懷念，然積習相沿，遺因已久，蓋在第四次代表大會時始矣。今日欲圖補救，確非重振綱紀不可。此決非另起爐灶之謂，實應痛下決心，由中樞諸人衷心懺悔，改革制度，改革作風，刷新人事，多用少壯幹部。而任用幹部，則以公誠與能力為第一標準，如此一新耳目，庶克有濟。今日領袖不能再客氣姑息，黨員不能再諉過塞責了事，非一新耳目，不足以使本黨存在，以號召國人。然環顧黨中能自反自訟者寥若晨星，新幹部亦未作適當之培養，念之殊為憂心悄悄也。」4月12日，蔣氏主持總理紀念週講話，內容關係黨紀黨德及對部分國大代表主張修憲之意見，次日《中央日報》僅有六行的篇幅報導。陳氏則於日記記錄蔣講話重點：「注重黨德，遵守黨紀，決不可以私害公，亦不可對外自損黨的信譽。現值非常時期，應知國恥重疊，國難嚴重，切不可議論紛紜，使大會曠日持久，遷延時日。要知拖延大會日期，使吾人不能專心努力於戡亂，正為共產黨所求之不得者。至於憲法未始不可修改，然此次以不修改為宜，即或顧及戡亂時期之臨時需要，亦應以其他方法求

變通之道。關於擴大國民大會職權及設置常設委員會，萬
不可行。至戡亂完畢時，自可召集第二次大會。」對於探
討蔣氏之心態，具有相當參考價值。

　　陳氏於1948年11月13日去世，1948年為其最後一
年日記，而該年亦是中華民國實施憲政的第一年。行憲伊
始，對於政府而言，各種問題，紛至杳來，陳氏周旋其
間，精神負擔沉重，對黨內諸多現象，憂心不已，於日記
中多有反映，深感「黨內情形複雜，黨紀鬆弛，人自為
謀，不相統屬」，（5月5日）藉由其日記所記，不僅可
以揣度陳氏在這一年之心境轉折，亦可知除軍事之外，
政府與蔣中正在政治上所面臨的困境，對於1949年大變
局，能有更深一層的理解。

　　《陳布雷先生從政日記稿樣》自史政機構對外公開
後，數十年來已廣為學者參閱，相關研究著作陸續出現。
然《陳布雷先生從政日記稿樣》原意並非提供研究之用，
閱讀上仍有不便。今民國歷史文化學社以該書為基礎，重
予校對排印，公開出版，以期為民國史研究者提供重要參
考資料。此不僅對國民政府、軍委會內部運作之研究、對
蔣中正研究，以及民國史相關研究，均具重要意義。對陳
布雷個人，其文字造詣深，忠勤任事，而生活淡泊，日記
記事更給予後人諸多啟示。

編輯凡例

一、 本套日記為原東南印務出版社編印，但最終並未發行之《陳布雷先生從政日記稿樣》，自1935年3月1日起，至1948年11月11日止。

二、 本套日記依原東南印務出版社編印之版本，重新以橫式排版，與原書排版方式不盡相同。

三、 古字、罕用字、簡字、通同字，在不影響文意下，改以現行字標示；原手民誤植之處則直接修正，恕不一一標注。

四、 部分內容為便利閱讀，特製成表格，並將中文數字改為阿拉伯數字。

目　錄

民國 28 年
1月1日　星期日　晴

　　六時三刻起。晨曦初上，景象光明，至為欣快。盥洗畢，即至范莊廣場，參加遙拜陵墓典禮。東望神京，無限感奮。待從頭收拾舊山河，應為吾人共有之志氣矣。禮畢出場，與吳禮卿、蔣雨岩兩先生同車往國民政府。禮卿平日對余常表禮重，且極關切，在車中詢余在鄂遇敵機事。顧謂雨岩，萬事皆由天定，遇險不驚，乃竟脫險。平日午睡成習，此日獨不然，且積年勞苦，精力未衰，均可慶幸。雨岩亦對余慰勉備至。對先進盛意，唯有衷心接受。七時廿分到國府，以昨擬勸告汪先生電稿呈閱，侍立於院中良久。八時行團拜禮，林主席致新年詞，文武分列肅聽，令人回想在京時盛況不置。八時卅分，即在國府約中央執監常委開談話會，對汪先生豔電主和，群表驚惋。林、吳、張三監委，主以紀綱為重，義正詞嚴，委員長深為動容，乃中止拍發勸告電，命余別擬以中央黨部名義發表之文件。歸寓起官，一時完稿。到岳軍家，約朱、葉兩秘書長共同商酌。三時到官邸，再度會談。委員長顧全黨誼私交，仍不欲遽行制裁。四時到國府，舉行臨時常會。執、監兩會列席委員四十餘人，討論二小時，卒決議開除汪之黨籍，大義所在，全場贊同。與季陶整理決議文，七時再至官邸作最後商定，即發出。十時歸寓，十一時寢。

1月2日　星期一　陰

　　八時起。以時間已遲，不及參加紀念週。八時五十分唯果來談，總裁訓話，令黨員厲行小組會議，以十五人為一小組，就生活工作及智德修養互相勗勉，並報告對制裁汪先生之感想，謂汪先生多年革命歷史與黨國相依為命，故保全黨國，即所以保全汪先生。吾人謀國應不重意氣，而重視國家利害，應重視感情氣誼，必須愛人以德，此日忍痛出此，終有使汪先生回心轉意之時云云。唯果去後，叔謨來訪談，廿分鐘而去。十時應召到官邸，承命擬致閻百川、龍志舟電稿及致谷正綱兄弟電稿。聞竺藕舫校長來寓相訪，不及歸寓而接見。十二時起草電稿畢，與芷町商酌一遍，即呈核發。一時歸午餐，步青、方之、誦盤先後來談，接佛海二十六日昆明發來一函（並附致委座函），始知此次之事，全為汪等一種嘗試，其用意未嘗不出于為國之忠，然對於統帥意志及敵人深心，與戰局前途大勢，實處處陷於推斷錯誤。若事前就開誠盡言洽商，決不致鑄此大錯。因念吾輩平日少接談研究之機會，每因小小隔膜而誤大事，不能不共負其責也。午睡二小時稍蘇積日之疲勞。四時卅分起，整理情報。六時九妹、七弟來，芷町攜本日文電十餘件來，分別處理之。晚餐後，道藩來談川大事，即為委員長擬致鄧、潘各一電。九時到官邸，岳軍、浩徐同進見，報告本日所聞，十一時歸，即寢。

1月3日 星期二 晴

八時起。到官邸謁見，報告新聞消息。面諭發致郭大使、張季鸞及河內總領事等電，又諭侍從室應屬行小組會議。退至辦公室，將各電辦發，並與芷町研究老河口間諜案之辦法。午至官邸，委員長本年擬研究清史及英、法、俄最近史，命選擇書籍。又談準備宣言事。午後小睡，方之誦盤來訪，旋謝然之來談。四時往訪鄒海濱先生，談參政會議長問題。旋至油市街訪雪艇，知參政員中有人發起汪先生事特開一談話會，並言此次決辭秘書長職務。六時歸寓，核辦文電十五件。夜八時卅分再至官邸，報告訪鄒、王談話經過，並商以後宣傳方針。十時歸，十一時寢。

1月4日 星期三 陰

九時卅時。十時至官邸謁委員長，面諭今後普通會客改為每週三、六下午；並命轉約黃任之、江問漁及李宗黃來談；又以近衛辭職，日政界變動趨勢為詢，命轉囑諸人研究。余陳述對目前國內宜使知識分子及產業界明瞭國策，奉諭約翁詠霓、張公權來談。退至辦公室，一一辦理之。本室新編制在桂林擬呈者亦於今日批示發下，即送侍衛長。十二時吳主席達詮來官邸謁談，委員長招待午餐，岳軍及余同餐，談黔省情形甚詳。二時歸寓一轉，到青年會訪陳樹人。蕭然一室，正在作畫，談汪先生此行備極惋嘆。三時卅分出席國防會議，議決戰地黨政委員會組織綱

要。七時散會，到官邸會餐，李任潮、徐次宸同餐。夜訪楚公，約溯中同商藝文事。十二時歸寢。

1月5日　星期四　陰

　　八時三刻起。九時卅分到官邸，報告本市文化團體定期召集擁護國策大會事，奉諭游行示威應絕對禁止。楚傖來談宣傳方針及國防會議秘書處情形。退至辦公室，辦發社會部、政治部及行營代電各一件，處理本日文電十二件，核轉參事室報告二件，轉發第三戰區報告共黨活動文件代電一件（致周副部長）。十二時至官邸，陪陳樹人先生同餐。樹人報告汪先生此行，事前絕未與任何人談及，深以港方為汪辦理情報者誤報敵情，致汪憂慮過分為憾。一時餐畢同出。今日為陰歷十二月十五日，自茲余乃為四十九歲矣。向委員長請假半日，以旬日來奔走接洽事較冗繁，不得不稍作休憩，以回復腦筋，使之寧靜。午後小睡一小時起，與默談年來身世之感。六時約德之表哥、實之弟、芷町、學素、望弟、永甥等至重慶餐社晚餐，飲酒三、四杯。竺藕舫、吳俊升、邵鶴亭、張廷休、陳石珍、胡煥庸等在別室聞之，均來余室，酌酒相祝，竟為醺然。八時卅分歸，與道藩、雪艇通電話，十一時卅分寢。

1月6日　星期五　陰

　　八時起。九時卅分到辦公室，辦發文電五件。至官邸報告參政員談話會情形及文化團體中止游行示威事。晤

李伯英、陳武鳴于客室，未詳談。旋與雪艇通電話，送來參政會在渝參政員宣言，即修改呈核。十二時卅分到中宣部參加社論委員會會餐，與楚傖、溯中略談後歸寓。午睡一小時，作家人函札及覆佛海函，處理文電十六件，並準備宣言稿材料。七時吟兄來，晚餐後八時偕同茲謁委員長。同茲將去港照料宣傳事務，九時十分與同茲歸寓詳談。何孟祁來談，旋齊鐵生來談，卅分鐘而去。十一時卅分就寢。

1月7日　星期六　陰

八時卅分。王外長亮疇來訪，竟尚高臥未起，致未接談。遲起之習宜痛革之。在寓整理文件畢，十時到辦公室，發電兩件，核發文電十餘件，核呈報告四件。十二時到官邸舉行星期會談，到十七人。一時聞警報，到鄰室續談，商討國聯十六日開會我方應取之態度及精神動員事。會畢約季鸞到辦公室敘談，三時回寓。四時到官邸，今日定例見客，到者甚多。入見委員長，報告戰地黨政委員會秘書長事。五時仍回寓，連日奔走接洽冗繁，又有心跳之症，稍事休憩，以防再發。核辦文件十件，閱定講稿二件。夜道藩及芷町夫婦先後來談，十一時服藥就寢。

1月8日　星期日　陰

七時四十五分起。亮疇先生來談甚久。九時卅分到官邸，報告亮疇來談情形。委員長交閱龍主席來電，命斟

酌覆電稿；又面諭各戰區將領發表政治問題之電報，未得許可，不得登載，命通知宣傳部。退至辦公室辦發文電四件。唯果告我北歐瑞、挪、丹三國報館記者代表請見委員長，提出問題六項，即囑其商同李迪俊司長會擬答案，另定日期接見。又與芝町商訓令內容，囑擬稿待核。十一時卅分回寓，苓西兄來談，對於時局及川局之觀察。午餐後又續談家鄉情形，今日始知漱琅已改嫁嘉興某君，數年來漂泊無依，我家家人星散，亦不及照顧，想四弟對此事必更感慨係之矣。鄭延卓副處長來談戰地黨政委員會進行組織之情形及秘書處縮編事。沈衡山來談，酬對卅分鐘，甚覺費力。見不願見之客，實人間苦事也。小睡一小時餘起，核辦文電並核呈情報二十件。七時到南園參加浙高同學春季聚會，到師長沈士達、張閩聲、陳百年、唐雄飛四先生，同學到者陶冶公、林佛性、趙述庭、朱宗良、曾伯猷、張稚鶴、唐小潤、戴中甫、范霞軒、高幼純、孫理堂、馬敬銘及余十四人。席間談笑驩洽，至九時卅分始散。與佛性、小潤同車歸。與望弟談處務。十二時寢。

1月9日　星期一　晴

八時十五分起。今晨忽覺齒齦腫痛，且頗畏寒，或連日睡太遲，而辦事端緒過繁，故精力又不濟也。九時五十分奉召到官邸，接洽宣傳方面之事，並奉面囑，即準備全會宣言之綱要。到辦公室核閱電令數件，處理文電十餘件，一時十五始歸寓。胃部沉滯，竟不思食，勉進稀粥

一器，畏寒更甚，恐將發熱，即蒙被而臥。述庭兄來談良久始去，唯果亦來談，將及二小時。六時芷町攜文件來，面為報告，余臥床聽之而已，未及起而核閱也。夜接四弟來函。九時五十分入睡。

1 月 10 日　星期二　向午晴霽

八時起。昨晚睡足七小時，精神稍復，但仍畏寒。李任潮先生來訪，未及晤談。蕭自誠來接洽印刷件，為指示概略。午前處理公私函札六、七件。十一時卅分聞警報，敵機十四架竄入市空，陰雲不能低飛，在南岸投彈而去。芷町攜來電稿四件，為核定之。賀貴嚴來談西藏拉卜楞部問題。一時午餐畢，倦甚小睡，夢境複雜異常，至四時醒。自知近日腦力又不健全，不得不及時節制，以防其更劇，遂不去辦公室。七時芷町來，處理文電情報二十件。夜發四弟、六弟、八弟等函，並作友人覆函七緘，整理篋中文件，費時甚久。十一時畢，就寢。

1 月 11 日　星期三　陰晴　五十度

八時卅分起。昨晚睡中多夢，且夢境複雜冗長，知腦筋又不寧靜極矣。九時力子先生來談，十時去。整理關於準備宣言材料，交李秘書研究，並約張子纓君共同準備。午餐後約滄波來談，商討宣言大綱，並談全會以後諸事，二時卅分始去。唯果送來答北歐某報問題九項，李迪俊司長所草擬，措詞極得體。又送來蔣夫人論文譯稿一

篇，題為「再生」，文字極俊雅，而含義深長，為潤色而
歸之。傍晚閱情報十一件，芷町攜來文電十餘件，為核定
處理之。蕭速記來談國際宣傳處擬即日譯委員長言論集，
唯果再來談。夜讀南嶽訓詞，十一時寢。

1月12日　星期四　陰　五十二度

八時起。校閱對中政校學生訓話稿一篇，略為潤色
之。研究臨時代表大會宣言，摘錄要點，以備全會宣言
之參考。十一時何孟祁君來談，託其轉託周憲文帶六弟
一函。擬準備文字，而思緒散亂，腦筋疲滯疼痛，午餐
後更甚，且心跳不止。服 Evipan 大半粒，小憩竟至沉
睡，五時許始醒。計睡眠已充足，但精神仍未復原。芷
町來，攜文電十八件，核閱辦理之。自誠來，商印發政
治訓練及黨義書籍事。夜辦理本處同人考績，直至十一
時始畢。即就寢。

1月13日　星期五　晴

晨七時卅分醒，覺睡眠不足，至八時卅五分始起。
盥洗畢，擬起早大綱，但因心中尚有雜務須料理，久久不
能下筆。王雪艇主任來訪，談草擬提案之經過，並述抗戰
建國綱領實施計劃整理之大概，兼談軍委會改組及參政會
與宣言中對外要點之研究，一時始畢。餐畢，溯中、滄波
來訪，談藝文善後意見及全會宣言綱要，三時去。芷町攜
來文件十一件，多不易解決者，為細加審核決定處理之。

自誠來商印刷書籍事。二人去後，核呈王主任所擬提案五件。接中央函，知余被指定為提案委員會委員。傍晚吟兄伉儷挈兩兒來。夜起草宣言大綱，至十一時卅分寢。

1 月 14 日　星期六　晴

八時卅分起。複閱宣言大綱草案。以待李幼椿君之至，蓋昨日函約也。十時十五分李君始來，知其有父喪，竟不發訃文，謂國難期內不應再費友朋心力，其意可師也。談參政會情形及國事，與各黨派態度，約一小時餘而去。十一時卅分到官邸，晤鄭亦同君，偕見委員長，以大綱草案呈核焉。十二時舉行星期會談，到十八人，討論主題為國聯開會、對美宣傳及英意商談等題目，二時散。歸寓小睡，至四時始起。頭痛心跳又作，核閱本日文電十六件。夜未作事，十一時卅分寢。

1 月 15 日　星期日　晴

八時卅分起。昨夜入睡甚遲，當在二時以後，蓋未服安眠藥之故也。起草開會詞要點草案，至十時卅分完成五分之四。以委員長電招，即往官邸報告關於提案等事，並面述準備宣言與開會詞之要旨，委員長均分別有所指示。退至辦公室囑芷町研究財政金融之提案。蕭秘書化之來談甚久。十一時卅分回寓聞警報，芷町、學素、化之均來余寓。移時，敵機九架入市空，投彈約四、五十枚，又在上空盤旋良久，二時許始逸去。聞國府及行政院附近均

被投彈，尚無甚損失。二時卅分午餐，餐畢小睡，至四時
起。繼續起草開會詞要點。七弟等來談，夜與楚傖溯中商
藝文事。十二時寢。

1月16日　星期一　陰

　　八時卅分起。擬準備文字，故未參加紀念週。十時
應驥先之約到中央黨部，與戴、葉諸君商談提案審查要
點，並討論宣言起草之手續。十一時返寓。街道行人擁
擠，紛傳有敵機卅架入川，然未發警報也。午餐後自誠攜
總裁抗戰言論來商，為一一訂定之，並修改告各地士紳教
育界書。三時小睡，至四時卅分起。芷町來談，攜來財政
金融之提案三件，全文甚長，略讀一過，乃費一小時以
上，並研究建設專款預算，處理文電十餘件。七時到大溪
溝岳軍家晚餐，到孔先生等七人，為季陶祝四十九歲壽。
鐵城自粵來，亦與焉。十時返寓，唯果攜所擬外交報告詞
來談，文字修暢而整潔，說理周匝，殊可喜。並約滄波來
寓，商宣言要點，託其攜去代擬初稿。時已十二時卅分，
遂寢。

1月17日　星期二　陰

　　八時卅分起。到官邸謁委員長，報告關於全會各事
及中央提案情形。退至辦公室，起草電文三件，辦理關於
約集常委及各中委敘餐。十一時再見委員長，面述財政金
融等各提案之內容概要，奉諭可送孔部長提會。此三案：

一為財政金融一年半計劃；二為各省金融與幣制不足之補助；三為增加產業及獎勵現銀黃金之兌換辦法。余與芷町研究結果，似財政案最切實際，惜中央補助地方不足之辦法，未有積極具體之規定耳。上午本擬在辦公室準備文字，乃十一時卅分忽接寓中電話，知吟苡兄以憂憤過度，服安眠藥達三十丸以上，頃始發覺，已請金、楊二醫護送至市民醫院診治。遂即回寓，並遣胡醫官往視，均以服藥之量太多，恐難挽救為慮。十二時再至官邸一轉，一時歸午餐。餐畢小睡，至四時卅分醒，修改通電稿一件，為勸告各地士紳服務事，芷町所擬也。以電話詢醫院，知吟兄脈息不佳，乃電話苓西兄與商醫療及善後方策。允默以午後往視，至七時方歸。予以季陶之約，於六時匆匆處理本日文電後，往陶園商提案事。到楚、騮、君武三人，談至九時卅分始散。歸寓後，思慮煩亂，不能動筆，直至十一時始就寢。

1 月 18 日　星期三　陰

八時四十分起。盥洗畢，即赴官邸謁委員長，報告季鸞來函對英美態度之意見，及全會準備與約見各中委事。十時退歸辦公室，苓西兄來談，對吟兄如此輕生厭世，相對歎惋，然猶望其療治合法，得慶更生也。芷町攜要件四件來商，唯果、自誠均來接洽宣傳印刷文字諸事。十一時卅分到官邸，正午舉行中央執監常委敘餐，到十八人，健生、季寬亦與焉。午餐畢，承命研究中樞機構改革

事，與芷町商搉甚久簽覆之。又修改精神總動員綱領及實施辦法，交自誠付印。三時歸，小睡一小時。五時再至官邸，交下國防最高委會組織大綱，命再清繕接洽。六時處理本日要案。七時到官邸與景韓、顯光同餐，八時卅分歸寓，起草開會詞，心思散亂進行遲緩，至凌晨五時就寢。

1月19日　星期四　晴

八時四十分起。昨晚入睡已將破曉，僅合眼三小時而已。九時到官邸見委員長，交下行政院二年計劃。退至辦公室，詳讀摘呈之。十一時電話，吟苡兄竟不救長逝，心中悼悒，不可言喻。芷町攜來文件，略為斟酌，即至官邸。招待粵、桂籍中委，到二十人，與養甫長談。十二時卅分先退，到市民醫院，向吟兄遺體行最終告別禮，並慰視平玖甥女，對之淒然，不禁淚下。一時卅分歸寓，向旦文姨氏致慰唁。二時允默攜樂兒偕旦姨同往醫院，送吟兄遺體到江北成殮，暫厝浙江亭。余倦甚，假寐乃神經亢奮，百計不得入睡，頭腦如裂。四時芷町來，商定條例與電令各一件。再服藥小睡，仍未合眼。夜勉強支持，完成開會詞後段，亦不計文字如何矣。得岳軍函，十一時寢。

1月20日　星期五　陰

八時起。將昨日擬就之開會詞內容另摘要點，附同原稿呈核，並轉呈彭浩徐各件。十時同茲來訪，談香港情形甚詳。同茲去後，核閱文電及情報多件。唯果攜來蔣夫

人「中國之再生（二）」一文，為修改而交還之。十一時
卅分到官邸，招待賓客，到北方各省中委二十六人，與谷
氏昆弟談前方及行營工作。十二時卅分歸午餐，餐畢小
睡，未成眠，腦筋緊張，不能寧靜。四時委員長約往談，
面詢宣言及開會各事，又命補充開會詞數段。五時往謁林
主席，值赴會出席未還。歸與騮先、立夫、雪艇等通電
話，以國防最高委員會提案寄騮先。七時晚餐，九時孝炎
來談良久，對佛海之行極表悵惜。十一時振作精神起草宣
言初稿，二時卅分完成約五千言，三時就寢。

1 月 21 日　星期六　陰

九時起。昨晚幾於通宵未睡。今晨七時，委員長以
電話詢開會詞，告以已交蕭速記，並陳明請假半天。再就
睡，八時五中全會舉行開會式，遂不及參與焉。十一時自
誠、唯果來談，將宣言草案清繕呈送親核。與雪艇、騮先
等接洽會務。午餐後小睡至四時。公展來訪，談別後在湘
服務情形。委員長對開會詞仍有刪改增加之處，再為整理
之。六時芷町攜情報文電來寓，即為處理。七時卅分到官
邸，偕岳軍、景韓晚餐。餐畢，委員長赴主席團會議，余
與景韓長談至十時始回寓，約唯果來，以外交報告託其代
擬。十二時寢。

1 月 22 日　星期日　陰

八時卅分起。宣言草案委員長命再斟酌，然余今日

腦力殊不濟矣。十一時力子來談，對戰地黨政委會秘書長事，表示不願就，十二時到官邸，招待各中委餐，晤舊友多人。餐畢，約雪艇、公展到康公館小坐，研究宣言稿。雪艇提出修改意見五點，託公展攜回，修潤文字。四時到張宅，與岳軍談卅分鐘，並晤天翼等諸人，茶敘而散。往訪李任潮將軍未遇。六時芷町攜來情報多件，分別核呈之。開會詞又須修改，由自誠攜來，殊訝委員長何太重視此文件之節目。立兄來談甚久。客去後，勉抑煩慮，再修改開會詞。十二時卅分寢。

1月23日　星期一　陰

七時四十五分醒，不及出席紀念週，睡至九時起。連日骨痛又作，且畏寒，蓋睡眠不足之故也。十時到官邸謁委員長，報告與立夫、力子所談各事及雪艇託轉達之參政會事。十一時退至辦公室，以黨員須知初稿，寄回果夫、立夫補充後再呈核，並與芷町談兩日來之文電處理。十二時歸寓，一時午餐，餐畢小睡至二時卅分起。三時出席五中全會第一次會，到執委八十餘人、監委及候補委員七十三人。居先生、孔先生及何總長分別報告，余以疲甚發冷，不耐久坐，五時先歸。睡至九時起進餐，修改宣言草案，至十一時再就寢。

1月24日　星期二　陰

九時卅分起。昨夜睡又太遲，此數日來真感身心交

疲矣。閱情報及文件，並校閱抄件，又審閱立夫所擬抗戰
期間建設大綱，修改送呈之。十一時到官邸，報告數事，
奉答關於徵詢中央各部人選事。十一時卅分張伯苓、王雪
艇二人來謁見，陪同談話。退後邀雪艇到余處小坐，談參
政會事，擬提案一件，即送去。一時回寓午餐，餐畢小睡
卅分。三時出席五中全會第二次會，聽取報告六件，七時
散會。應召再到官邸一轉，商宣言事。夜訪季陶，略談即
歸。芷町、唯果來談，十一時始去。整理文件，十二時後
就寢。

1 月 25 日　星期三　晴

　　八時卅分起。以昨晚修正精神總動員稿第廿一頁之
文字呈閱，即至官邸請示全會中文字各件，奉交手諭二
紙，退至辦公室分別送達之。核閱二十二日以後文電三十
餘件，改定「中日抗戰與國際形勢」之報告文一件，唯果
所撰也。用白話體長一萬言，文字頗流暢不沉悶，此才可
造，為之心喜。十二時卅分歸，天氣大晴。午餐後允默等
過江為吟兄入厝，今日為首虞，魂魄一逝，遂更見時光之
速而可計矣。小睡至三時，芷町以交下提案二件請示，囑
送全會秘書處。三時十分到會場，與季陶商宣言，對文字
多所指摘，固亦自知草率，然彼殊太苛求矣。五時歸寓，
發憤修改重擬兩大段，勉強塞入，自思殊可笑。九時卅分
畢，與唯果通電話，十一時就寢。

1月26日　星期四　陰

　　九時起。校閱宣言草案第三次修正稿。十時出席全
體會議談話會，總裁出席講述外交方針與國策，警切明
快，對於一切搖移不定傾左傾右之偏頗思想，不啻示以正
道的明燈，先後歷三小時，聽者二百人，一無倦容。此一
報告，洵可措國基於磐石之固，關係匪尠也。一時會畢歸
寓午餐。宣言草案分送總裁及戴先生審閱，總裁於傍晚交
下，謂可定稿，但戴意尚有修改處。三時卅分出席第四次
會議，聽經濟報告，圖表詳明，張掛於會場四週。本屆會
議，特別注重報告，較之以前顯為一種進步。六時先退，
與芝町接洽文電處理。七時卅分到官邸晚餐，景韓、天
翼、岳軍同餐，景韓明日歸滬矣。九時歸，為夫人修改論
文，十一時畢。即寢。

1月27日　星期五　晴

　　七時卅五分起。八十出席宣言起草第一次會，戴先
生對內容詳略輕重處欲於文字上再詳細斟酌，各委員亦多
發表意見，最後決定請戴主持刪削，散會已十時。余深自
咎起稿時不能安排妥貼，致再費許多周折也。退歸寓所，
略進食即至官邸謁委員長，陳述會議情形。退至辦公室，
閱昨日文件未完畢。十一時四十分再到官邸，招待各常
委。今日委員長約執監常委及李、程兩司令長官午餐，商
最高國防委員會事良久。最後決定，採用岳軍所擬之修正
案，又互談對於陳公博等離職事，稚公主張暫不表示。餐

畢仍回辦公室，與芷町接洽應處理之公事。三時到國府出席第五次會議，聽取交通報告及社會、宣傳兩部對各委質詢之答覆。五時五十分忽覺發冷不能久坐，遂歸寓，蒙被而臥，不得入睡，七時醒，神思煩躁不可耐，服 Dial 一片，再就睡，遂決定休息，九時略醒，十時再入睡。

1 月 28 日　星期六　陰

七時卅起。昨晚睡足十小時，精神全復。八時至國府出席決議案整理委員會。十時卅分接開宣言起草委員會，戴先生就原稿前段改正重寫，較原文緊湊矣。一時回寓午餐，文件積疊者甚多，以外間對駐美胡使演說紛紛致議，爰搜集演詞稿之材料譯呈之。並料理私人函件數件，核轉關於全會文件六、七件。三時出席第六次會，討論行政院二年計劃，即第二期抗戰行政計畫。五時先退，歸寓補閱此二日來已辦發之文電。七時晚餐畢，到辦公室修改講演詞。九時謁委員長，岳軍、騮先同入，謁商中央組織及最高國防委員會事。十時卅分退，君強及唐建侯來訪，談藝文會事。旋與岳、騮兩君商談，共簽一意見呈核。十一時五十分歸寓，就寢。

1 月 29 日　星期日　晴

晨八時起。八時卅分出席全會第七次會議，討論政治報告總決議、軍事報告總決議及經濟報告總決議，最後討論宣言，大致通過，由總裁再斟酌文字。會畢，總裁訓

話，指示今後黨務工作要點，歷四十分鐘而畢。十二時廿分散會，歸寓見室外張貼紅字條，蓋今日為允默生日，諸兒特製此以娛之也。午餐後細兒辭別回校，余小睡一小時，三時到官邸一轉，四時至行營出席茶會，到中委及各省市委員等約二百人，談笑雍容，一堂懽洽。五時歸，與君武再修改宣言文字，七時攜呈總裁核定。晚餐後膳繕送秘書處，覺倦甚，乃於九時卅分就寢。

1月30日　星期一　晴

晨七時廿五分起。八時卅分全會舉行閉幕式，由戴委員朗誦宣言，總裁致閉會詞，指示黨員努力要點及方法，反覆闡述，歷一小時餘始畢。全體人員在國府前草坪上攝影紀念，十一時典禮完畢，遂歸寓。魯若衡、趙允義、石信嘉來訪。旋雪艇來訪，談參政會事，十二時去。午餐畢，余甚感疲倦，擬發顧、郭、胡三大使一電，告全會經過，並對其努力致嘉勉之意，以委員長名義發出之。小睡乃神經興奮，不能合眼，服藥一丸，始得再睡，至六時醒。公展來訪，未遇。七時到辦公室，閱文電並改講詞。七時卅分到官邸晚餐，到程、李（任潮）、黃（旭初）、黃（季寬）等諸人，九時餐畢，略談即歸。十一時寢。

1月31日　星期二　陰

九時起。昨睡尚充足，但精神覺甚疲憊。旬日間之

緊張，近兩、三日又生反應矣。晨餐畢，整理全會議案及議程附件，至十一時餘始竣事。閱各報所載對於全會宣言之評論，均無足當意者，甚以文字感應之難也。午後小睡不能熟，多夢屢醒。三時力子伉儷來訪，送力子夫人至康公館後，出席決議案整理委員會。五時歸，擬函稿一件，閱情報六、七件。葉溯中兄來談關於宣傳出版及文化行動事，良久而去。七時卅分到官邸晚餐，到勵齋、樹人、楚傖、岳軍、谷氏昆弟。擬請正鼎赴河內勸汪先生出國。九時歸，章篤臣先生來訪，談運輸與抗戰之關係，建議改築輕便鐵道，言至激切，聲淚俱下。談至十一時始去。閱條陳數件，十二時就寢。

1 月份之回溯

　　本月共三十一日，適當汪案發生之後，輿論複雜，人心激動，中樞處理此事甚費苦心。二十日以後，舉行五中全會先後十日，故本月中起草文字及奔走接洽之事較繁。全月見客六十人、訪友九次、舉行會商五、六次、出席會議十八次、參加會餐及同見賓客十五次、出席招待中央委員會之會餐五次、閱定普通講稿四篇、起草重要文電九件、核閱對外談話稿一件、為蔣夫人改定論文五篇、修改全會中關於國際問題講演稿一篇（唯果起草）、修改告教育界及士紳書一件、撰擬全會開會詞一篇，又閉會詞初稿一件、參加起草全會宣言（先後修改四次），又修改精神總動員綱領二次、核閱提案及計畫方案等六件，並辦理侍

從室考績事。工作較平時為繁重，幸自前月起精神尚佳，故各事均無十分延誤。唯一月中旬後，事務益繁，又適遇吟兄之慘變，神經大受刺激，雖勉自鎮靜，而畏寒腦痛常發，遂不得照常工作。對人對事均未圓滿，為可憾也。

2月1日　星期三　陰　下午晴

八時卅分起。今日精神仍不見佳，待辦之事甚多，無力著手，甚以為苦。十時苓西兄來談，旋何孟祁來談。苓西與余詳談家鄉近況及親友近事，頗多身世之感，然其襟抱磊落，至今不衰，亦可敬也。午餐後始別去。小睡四十分鐘，殊不易醒。三時到官邸，參加黨務會報，到三十人。總裁訓示甚詳，歷一小時始畢。與果夫、開先等略談，至辦公室處理文件十八件，七時卅分到官邸參加會餐。今晚宴粵籍中委，到十八人。九時散席歸，服藥，十一時寢。

2月2日　星期四　晴

晨八時起。應召赴官邸，交辦關於商擬國防最高委員會等件，即回辦公室辦發之。九時侍從室舉行會報，由賀主任主席，決議案件三件，並通過經濟審委會十一、十二月份之報告。十一時散會，再至辦公室，接洽講稿等。十二時到大溪溝訪岳軍，略談即歸寓。今日先二伯母誕忌，辟塵亦來寓午餐。餐畢，季寬主席來談。二時卅分小睡，至四時醒。到康公館，代見高長柱談康藏問題。又代見川康邊區抗敵民眾代表趙端（毅佛，又郭華同來），趙為同盟會舊人，但所請者甚難置答，談四十分鐘而去。處理文電二十二件。七時卅分到官邸晚餐，王雪艇、周枚蓀來同餐，又蔣憬然（光鼐）亦同席。委員長命枚蓀擔任參政會副秘書長，八時散，

歸寓料理積擱之件。十一時寢。

2月3日　星期五　陰

　　晨八時五十分起。今日患傷風，鼻腔澀滯，似覺有
微熱，且頭痛異常，不耐久坐。以工作積疊甚多，強起處
理，只覺腦筋重滯，至十時不能忍，乃就枕再臥，至十一
時卅分醒。雪艇來訪未晤，送來一函，即擬稿交四組辦發
代電，通知國防會議秘書處。午餐畢，以允默之勸，再作
休息。但睡中多夢，精神不寧，睡至四時起。芷町攜來文
電八件，分別核辦訖，為蔣夫人修改論文一篇，又修正廿
七年二月告行政人員書一件。致章篤臣函，附去陶孝宗
函。十一時就寢。今日接公展成都發一函。

2月4日　星期六　晴

　　九時卅分起。傷風未癒，畏寒特甚，頭痛較昨日更
劇。委員長電話招往，未能赴也。枯坐無聊，擬著手修訂
全會講稿，而頭暈不止，遂中輟焉。十一時再就睡，至一
時起。本日星期會談亦未能出席，許多事都待面為接洽，
因而又耽擱下來。聞季鸞、力子、滄波均到辦公室視余，
皆未接晤。午後學素來問疾，至三時後再休憩一小時餘。
晚餐畢，擬再開始作事，而精神極不振。且姨氏來談良久
相對淒然。十時洗澡就寢。

2月5日　星期日　晴

八時五十分起。睡眠似已補足，精神較昨日稍佳，但腦力仍極不濟。自誠送來講稿兩篇，已閱五日，仍未修改，一見輒為心煩不欲動手。十一時唯果來談，昨日星期會談之要點及近日歐局之動向，午餐後始去。余無聊之極，又就枕小憩，至四時始醒。然睡中多夢，複雜迷離，知神經脆弱極矣。傍晚芷町攜來公文情報十七件，旋又接情報七件，均分別核呈之。晚餐後神思益不快，望弟來談某事。惱怒異常，勉自抑制，將全會談話一份修改畢，即不復能作事，悒悒歸寢。

2月6日　星期一　陰

九時起。昨晚睡眠充足，似已恢復矣。仍在寓休養未出門，複閱整頓黨務之要點講稿一篇，繼續修改鞏固黨基（一月廿三日紀念週講）講稿。原紀錄太冗長，不易修改，半途中輟，不欲過用腦也。午後蕭自誠來談，旋陸步青兄來談印書事。步青去後，鄭延卓處長來談國防最高委會秘書廳與軍委會辦公廳處理事務之權限劃分問題，所見有不甚透澈之處。六時核辦文電六件。七時應侍從室同人約到姑姑筵晚餐，到芷、果、達、華、澧、素、望及德哥、實弟，九時卅分散，到德哥家小坐，與君誨先生談近事，十時卅分歸。

2月7日　星期二　雨

八時卅分起。到官邸謁委員長，報告昨日起已銷假。委員長面示撰擬政工人員訓話要點，於中庸哀公問政章，甚多發明。又面諭中央黨部及國防委員會應辦各事。委員長患喉痛，而視事如常，唯精神略倦耳。回辦公室核閱文電，並補閱五日、六日辦發各件，午刻回寓。餐畢小睡至三時起。四時往行營出席黨務會報，知未舉行，遂折返康公館，修改講稿，仍未畢事。七時廿分到官邸會餐，辭修、驪先、果夫均到，餐畢談訓練班事。又至二組與於組長談情報事。九時卅分歸，十一時寢。

2月8日　星期三　陰

九時許起。今日天氣陰沉而寒冷，身體極感不舒。十時到官邸謁委員長，交下手諭二紙，為印發最近言論集事情，退至辦公室辦發之。招芷町來談關於督察地方黨政效率之問題，又約自誠談講演紀錄事。唯果送來胡大使在美演詞之譯文，為攜歸斟酌修改之。午餐畢，乃大感頭暈，骨節酸痛，小睡至三時許，心煩不可耐。芷町攜來文件八件，知委員長必欲貫澈每日只許送十件之公事。近來公事太煩，此項嚴格限制，殊感十分困難也。七時卅分到官邸會餐，委員長約孫哲生晚餐，雖身上發冷，不能不勉強前往也。九時卅分歸，十時往第二組與賀主任談話，至十一時歸。倦甚，遂寢。

2月9日　星期四　陰

晨八時起。今日精神似轉佳。十時奉委員長電，約往官邸謁見，面授對於參政會訓詞之要點，囑余撰擬。退至辦公室，約芷町來商，關於交辦之手諭及國際委員會秘書廳之組織。旋唯果來談甚久。以參政會開幕詞交彼起初稿。交季鸞函，附去胡適之講演譯文。十二時卅分枕公來訪，一時歸寓午餐。餐畢，君誨先生及德哥來談，一小時餘而去。為實之事，致孟海函，託其轉達騮先。三時小睡未入眠。接四弟卅日來函。今日上午約化之來談情報組事。傍晚果夫來談甚久，至八時始得晚餐。夜修改一月廿三日講稿，為此一篇文字，先後費二十小時之久，真不值得。至十時卅分畢。

2月10日　星期五　陰

九時起。昨夜睡眠不良，胸膈鬱結不舒，時時驚醒，以致起床後仍覺精神疲憊，頭腦脹痛。十時唯果來談，鄭書記秀民出言粗野，毫無禮貌，此皆余訓導無術，深自愧憤。以參政會開會在即，勉力振作精神，為委員長改擬開幕詞。此文由唯果助寫初稿，亦有一半可用，為再加組織並補充。自十時卅分起，至午後三時，起草完畢。中間又為蔣夫人改星期論文一篇。胡副官來接洽印書事，又錢端升君來談甚久，精力不能集中，真以為苦。草擬既畢，草草進餐，即就床小憩，服藥一丸，仍不能熟睡。滄波來訪，亦未及接晤也。晚餐後始覺心緒鎮靜，但疲甚不

能作事。十時卅分就寢。

2月11日　星期六　陰

八時起。自誠送來全會開會詞，閱之內容散漫，尚待多多修改也。九時五十分奉委員長電，約至官邸，交下參政會開幕詞之改定稿，命再加修飾之。日軍昨晨在海南島登陸，此舉影響太平洋海上局勢甚大，命擬對外國記者談話稿。退至辦公室草擬，十二時到官邸面呈。並參加星期會談，到十六人，一時卅分餐畢，偕力子、滄波到辦公室小坐，託滄波帶去致陸敘百一函，三時回寓。疲極思睡，委員長兩次約往談，對話更補充三、四點，回寓覺心煩意倦，囑唯果兄代為改擬，就枕小憩一小時。七時王外長來，共同斟酌。七時卅分到官邸會餐，到訓練團同人八、九人。晚餐畢，再就原稿修正發出。十時歸，即寢。

2月12日　星期日　陰晴

七時五十分起。昨睡仍極不佳，今晨頭痛又大作，靜坐後稍已。作私函數緘，並著手修改講演稿。十一時孟海來談甚久，為葉實之弟事。十一時卅分唯果來，攜來昨日談話之英文稿。措詞極有斟酌，甚見苦心。談至午餐後始去。委員長招往，命撰一論文，論海南島事，即以車接滄波來寓，囑其撰擬。並至岳軍家訪天翼，請供給中日、日俄兩戰役日軍先發制人之參考材料，天翼言手邊無書，確實之史實無法供給矣。傍晚貴嚴來談第六組事，決簽請

以化之擔任，並暢論太平洋局勢，七時始去。夜八時周普文君來談，日本進窺海南蓄謀甚久，彼於民國初年在陸軍大學時即聞海上運輸教官講述及之矣。九時楚傖、溯中來談藝文研究會事，決定辦法三項。簽呈委座告病狀實不能支也。十一時五十五分寢。

2 月 13 日　星期一　晴

九時卅分起。作私函數緘。十時接周普文函，告中日、日俄兩次戰事之史實，但甚簡略，即送滄波參考。十一時君武、雲光兩兄來訪，談秘書廳第三處及中政會專委事。十二時到中央黨部，會商派遣中委分任職務問題。到驪先、楚傖及余三人（岳、果均未出席），遂無決定而散。午餐後疲甚就睡，異常酣暢，芷町攜來公文八件，即為校閱之。六時起審閱滄波所撰之論文，覺有未能達主要命意之處，乃為補充修改。久不為報作論文，雙手生疏，工作遲滯，十時始畢。洗澡就寢。

2 月 14 日　星期二　陰

九時起。函國際宣傳處，請將大公報、中央日報關於海南島問題之論文，交英美通訊社拍發。十一時枕公來訪，對余病深致關念，其意可感。客去後欲作事，而心神不寧，只得暫置。午餐後再睡一小時起，始覺精神稍振。為委員長改擬致國外某君函一件，並修改五中全會閉會詞講演紀錄。芷町今日未來寓，僅將文電送來核閱。學素近

日助理擬辦，漸見進步，遂殊可喜也。孟海來訪，談實之事。夜繼續修改閉會詞，十時卅分完畢，遂寢。

2月15日　星期三　陰

　　九時起。今日頭痛如裂，勉強起坐，不能工作，僅閱報紙及情報而已。接四弟來函，知浙大擬一部遷回浙南，彼有回浙任事意，然余甚不贊成其行，因預料必有障礙也。起坐稍久，骨節酸痛甚。中午驤先函約商中央分配工作事，實不能去，函陳意見二點。午餐後小睡，心極煩亂，屢睡而不得入眠。四時於組長平遠來商新設第六組事，決定派王秘書及郭司書到彼工作。約學素來面告之。六時蔣市長介紹補曉嵐醫士來診余疾，處方而去。芷町攜文電十餘件來，分別處理。晚餐後修改新生活運動五周年紀念廣播講詞，係芷町起草，初稿修改畢，神經緊張作痛。十一時寢。

2月16日　星期四　陰

　　九時起。今日頭痛略癒，但骨痛仍未痊。十時卅分委員長電話約往談話，面呈函稿、講稿各一件，並報告對於中央黨務與參政員之所見。奉諭交繕密件三種，備今晚王外長來討論。十一時卅分歸，王雪艇先生來談參政會事，商定閉幕詞，由參政會秘書處擬稿。午餐畢小睡。唯果來詳談，商定青年團刊，約請常任撰述之名單。七時奉召到官邸，詢精神總動員綱領，並諭可提交參政會討論；

命搜集關於伊尹周公訓弼嗣王之史實。歸寓後閱書經。九時芷町來談，關於本室業務及工作支配，至十一時。摘錄全牘、大誥、伊訓、太甲及召誥、洛佚各篇，又採錄鴟鴞、東山各章呈閱。一時畢乃寢。

2月17日　星期五　陰

九時卅分起。處理私人函電六件，為蔣夫人修改中華民族的再生第六篇，論推進經濟建設，原文甚長，而譯者技術拙劣，措詞生硬難讀，修改極費力，至午後一時始完畢。視之仍不能滿意也。午後小睡起，閱情報及各方簽呈十八件。傍晚芷町攜來收發文電十件，即為簽辦之。近日來文特多，不能悉呈，以委員長實無餘暇也。今日午前以國民精神總動員件寄參政會王秘書長，囑其設法見之於本屆大會之議程。季鸞來函問余疾，並餽紙煙一盒（附對國外局勢觀察之意見七條）。夜頭痛大作，不能作事。十時寢。

2月18日　星期六　陰

八時卅分起。九時委員長約談，口授撰擬政治要義之補充要點，對於哀公問政章之精義闡述甚詳。近來一日萬幾，仍不廢學，其精神真可佩仰。回辦公室，唯果來談參政會各事。化之來談個人之出處，以委員長未批准其擔任第六組，不無悒悒，然態度頗好，極意溫慰之。發致顧墨三、黃季寬一電，為芷町核轉條陳一件，十二時卅分

歸。九妹、細兒均來家。午餐後小睡，至三時起。辟塵來談。旋奉命檢閱外交報告，並擬參政會閉會詞，即約唯果來，商定要點，交唯果擬初稿。六時核閱第四組文電七件。七時到官邸一轉，改正新運紀念詞。七時卅分晚餐，今日為廢曆除夕，略加肴饌，以饗兒輩。夜摘錄外交報告，直至十二時卅分始寢。

2月19日　星期日　陰　舊曆元旦

八時起。今日為舊曆元旦，余自茲乃為五十以上人矣。諸兒均來賀歲。早餐畢，繼續摘擬外交報告對蘇俄及對中共之二段，至十一時完畢。唯果來談關於召集川省教育人員訓話事，知委員長頗歸咎於教育部未將日程排就，實則此非教部之過，以當時手令乃交行營主辦也。道藩次長來談甚久，商定小組會及全體會節目而去。午後小睡，覺精神不甚佳。三時送呈外交報告後，正擬著手起草政治講演稿，而客來不已。六時芷町以公事送閱。八時唯果起草參政會閉會詞完畢，送余核閱。余此時精神不濟，但時間已迫，不能不勉力工作，遂強自振作，就原稿補充刪節，屢作屢輟，直至二時五十分完竣，疲極矣。

2月20日　星期一　陰

九時起。昨晚直至四時始合眼，今晨七時即醒，幾於徹夜未睡也。九時卅分將閉會詞稿攜呈委員長核定。委員長待處理之文件甚多，命余口誦要點而靜聽之。既畢，

以為大體可用，但後段應再加一節，退至辦公室修改之。
唯果來談，即交彼閱看焉。發電二通，將改件繕正後再送
核。十二時卅歸寓午餐，餐畢，覺頭痛異常。余服補醫之
藥已五天，而效力殊少。午後三時周佩箴先生來談，核辦
本日文電十四件。七時到官邸晚餐，孔、孫二院長及王外
長同席，餐畢談至九時歸寓。再修改閉會詞，殊覺太冗
長。十一時就寢。

2 月 21 日　星期二　陰

　　七時卅分起。委員長命賚參政會閉會詞往談，即至
官邸，以繕正本呈閱。再細閱修改，加註數處，九時十分
歸寓。略進早餐，至求精中學參加川省教育人員小組會
談，各中學、師範校長發言者甚多。十一時會畢歸寓，力
子先生來談。旋雷儆寰、戴應觀二君來訪，雷君以參政會
閉幕詞囑余校閱，為再加修正之。一時午餐，餐畢頭痛、
齒痛大作，臥床休息，至五時始起，覺略癒，核辦本日文
電八件、情報六件。夜承立兄囑，審閱訓育綱要既畢，頭
痛不可忍，九時卅分就寢。

2 月 22 日　星期三　陰

　　八時卅分起。仍覺頭痛難忍，允默以為服附子肉桂
均嫌太多之故，或亦一原因也。處理必要核呈件四件。自
誠來接洽講稿整理事，以積件無術清理，有求去之意。十
時偕望弟、萬儀到長安寺祭奠吟兄，今日為五虞，魂魄一

去，遂同秋草，瞻對遺像。愴然久之。余輓吟兄聯曰：

　　鬱鬱千載憂，埋諸異地；

　　皽皽絕世學，傳付何人。

　　言有窮而意未盡也。盤桓片刻，即回寓。農行周君來談。十一時張文白君來談，詳商出處，勉為酬對，談一小時而去。一時午餐，餐畢更覺頭痛心煩，甚感徬徨不寧。就枕小憩，亦不成眠。學素以情報十二件呈核，草草處理之。傍晚核辦本日文電十二件，約梁均默來談未果。夜精神極不佳，九時卅分寢。

2月23日　星期四　晴

　　晨八時起。今日頭痛仍不癒，而心緒更紛亂，不能自制。昨晚雖睡足七小時，仍無效果也。九時到行營，參加各教育人員集會聽訓。委員長親臨主講，到大中學校教導訓育主任等四百餘人，訓話歷一小時餘始畢，且逐一點名，至十一時十五分禮成始散。與志希談，約請名譽講師事。歸寓，唯果來，接洽分送書籍事。溯中來，談藝文研究會之結束事。一時始得午餐。餐畢小睡，至三時起。四時施奎齡廳長來訪，談甘省政務甚詳備，並攜來報告多件。楚傖來談訪晤陳樹人君情形。六時芷町攜來文電十二件，學素攜來情報廿件，一一處理之。夜修改訓詞電稿二件（第五戰區幹訓班、游擊幹部訓練班訓詞），並辦理雜件。十一時寢。

2月24日　星期五　陰

八時起。盥洗畢,到官邸奉答委員長垂詢,關於粵籍中委分配工作事,並報告立、果所託轉陳件,退至辦公室小憩。十時偕芷町到國府參加幹部講習會,到七十餘人,鄒、戴、葉、張均有意見發表,委員長綜合說明並補充之。一時歸寓午餐,餐畢,白寶瑾君來談(察哈爾省府委員,年卅二歲)。二時小憩,睡甚酣適,至四時始醒。佩箴偕陳澄中兄來談,旋霞天來談,六時芷町來,處理本日文電十四件,核呈情報六件。夜八時到葉宅與楚、溯二兄商藝文會善後事,作最終決定。已集議三次矣。十時歸,為蔣夫人改論文「中華民族再生」之七,十一時卅分畢。遂寢。

2月25日　星期六　陰　五十七度

八時卅分起。昨日精神有漸趨恢復之象,今晨又覺頭痛神疲,殆昨睡太遲(入睡已在二時後)之故也。處理私人函件三、四件並接洽印刷事。十一時到康公館,補閱前昨兩日之文電。十一時卅分季鸞、力子兩先生來談,十二時同至官邸,舉行會談,到十七人討論日蘇關係及美國關島設防否決後之情勢,並談精神動員事。餐畢已二時,回至辦公室,與芷町商辦某件。頭腦脹痛欲裂,即回寓小憩,至五時醒。聞國華等將有黃山之行,六時到官邸報告,並請示應處理事項。委員長命休憩兩日,以復疲勞。七時歸晚餐,夜與允默挈樂兒往訪德哥、實弟,談至

十一時歸。洗澡就寢。

2月26日　星期日　晴

九時卅分起。今日星期，決心休息半天。余遂辛君
來訪，談寧波同鄉會會址及四明小學募集基金事。余到渝
三月，尚未至同鄉會一訪諸鄉老也。十二時應季鸞之約到
姑姑筵午餐，座中除康心之夫婦外，皆大公報編輯部職
員。芸生、谷冰均攜眷來會餐，肴饌絕精美。黃廚雖已作
古，而其絕藝仍有傳人，一家堪以自活焉。二時卅分歸
寓，小睡兩小時始起。今日睡眠已足，而精神仍不振。傍
晚核辦文電情報十六件，夜修改通令稿一件，審查中央秘
書處組織、宣傳兩部工作計畫，十時卅分寢。

2月27日　星期一　晴

八時卅分起。昨日休息一日，而精神更疲憊，心思
亦愈煩亂，此身不堪任使，一至於此，真徬徨無計也。接
委員長自南岸來電話，命與季鸞接洽在港任務，即馳書告
之。繼續審閱中央海外、社會、訓練三部分之工作計劃。
下午天晴朗，允默等挈樂兒出游，余殊無心游覽，在家清
理私人函札二十四件，覆友人函五件，致大哥、八妹各一
函。傍晚委員長歸自南岸，約往談，授余黨史紀要稿。八
時到立兄家晚餐，宴馬一浮先生，到陳百年、壽毅成、屈
文六諸人。餐畢，聽馬先生講六藝要旨，彼將赴嘉定，主
持復性書院。十時卅分歸，十一時寢。

2月28日　星期二　晴

八時起。九時往官邸，商榷黨史紀要稿，並承辦手令二件以通令淪陷區訓練員兵派入偽軍及被陷城市工作之手啟電稿，送二組拍發。十一時歸寓，覺腦力不濟，不敢即賡續工作，恐其再劇也。步青來接洽印書事，以印費字條交其向署領取。午後小睡四十分鐘，芷町來接洽公務。川教廳楊廉以行為不檢撤職查辦，分知行政院及教育部辦理。三時閩財廳長張果為來談卅餘分鐘，略帶矜誇之意，一行作吏習氣移人，與廬山相見時不同矣。紹棣、健中兩兄來訪，談浙中吏治日壞，趨向極可危，五時始別去。夜修改兵役會議訓詞，續改政工會議訓詞，未完畢。十一時洗澡就寢。

2月份之回溯

本月共二十八日，承上月之積勞，精神未復，而事務仍極繁，以至時作時輟，甚感痛苦。全月會客僅三十六人，出席會議四次、參加會商與會談三次、會餐四次、訪友五次、代見賓客三人。關於處務者，成立第六組辦理情報，並舉行會報二次。關於審閱工作者，審閱訓育綱要及行政計畫各一件。關於文字方面，修改畢業訓詞二篇、兵役會議開幕詞等訓詞二篇、通令稿一件、改擬函稿一件、整理外交報告一件、修改全會講稿（一、黨務談話，二、鞏固黨基訓詞，三、閉會詞）三件、擬參政會開會及閉會詞各一篇（唯果助理）、新生活運動五週紀念廣播詞

一篇（芷町助理），又會擬海南島問題之談話稿一篇、
代中國日報改擬社論一篇、代蔣夫人修改論文四篇。腦
筋疲滯中，殊覺不堪應付。幸芷町、唯果均能相助，故
未誤時。然以本月氣候不正，自三日起患傷風後，畏寒骨
痛，腦暈失眠迭發，如是者十餘日。中經小瘥，力疾治
事，至二十日後身體又受影響，雖當局不加責備，而深居
謝客，簡於酬應，殊無以對朋友也。

3月1日　星期三　陰

八時卅分起。擬續改政工會議訓詞，但原紀錄太無次第，寄回蕭速記重行整理後再改。七弟寄視大哥、八弟各一函。今日黨政訓練班開學，余腦病未瘳，遂未往列席。即全國教育會議亦不得不請假矣。身體愈衰，曠誤愈甚，良心亦愈不安，如此循環相因，他人縱不我責，而自身已痛苦極矣。午後三時到中國銀行訪馬一浮先生，偕之謁委員長。四時卅分仍送之歸，復談論卅分鐘而後回寓。傍晚核辦文電二十件。夜訪岳軍談一小時。十一時歸寢。

3月2日　星期四　陰

晨八時起。到辦公室處理公私文件，閱委員長手啟電稿。九時奉召到官邸，面諭辦理電稿，對川中學校長應常與通訊等三、四件，又調查省縣主辦兵役人員，函於組長調詢之。十時舉行侍從室會報，決定建築防空壕，並商量關於承啟方面之辦法。十二時散會，與芷町接洽公務，一時歸寓，午餐。午後又覺頭痛劇烈，不能支坐，小睡亦不能瘳，至以為苦。擬出訪教育會議出席諸人，因亦未果也。夜閱荀子，讀禮記，蒐集訓詞材料。十時卅分寢。

3月3日　星期五　陰

九時卅分起。精神殊未恢復，頭痛亦未瘳，望弟送來私人函件十餘件，閱之只覺心煩。午餐後神思稍定，摘記敵情研究，並閱外交時報之論文四篇。三時起，為委員

長草擬對第三次教育會議訓詞。四時卅分應約往見，詢
余政治講稿有無擬就，實則尚未動筆，不能不以直陳，
蓋近來交件太繁，實有不勝應付之感矣。晚餐後續成訓
詞稿，至九時畢。為蔣夫人修改論文，中華民族之再生
（八）一篇。十一時洗澡，就寢。

3月4日　星期六　陰

　　晨八時起。校閱訓詞，攜呈委員長校閱，並奉交下
精神動員實施步驟案一件。至辦公室約唯果來談。十一時
出席全國教育會議，委員長親臨訓話，在會場中遇熟友多
人，不及一一酬接。十二時到官邸，參加星期會談，今日
到十六人，討論平沼內閣之前途及美國中立法案之趨向。
二時餐畢，歸寓小睡，至四時卅醒。作函數緘，核辦文電
十六件，情報八件。夜張曉峰君來談，願加入本黨並介紹
郭斌龢入黨。旋徐軼游君來談。公弢今日自滇來，談滇垣
情形甚久，晚餐後去。十一時卅分寢。

3月5日　星期日　陰

　　八時四十分起。今日將中央黨部秘書處組織、社
會、宣傳三部及海外部，訓練委員會之工作計畫全部各
審閱一過，摘記要點，乃有五千餘言，並附簽審意見五
點，約一千五百言，即交繕寫備明日呈核。此一工作前
後費七小時，所以重摘要點者，以各部呈送計畫均交各處
科分擬，併合而成，匆匆呈送，只有章節目錄，而無要點

也。全部計畫以社會部為最詳備，組織部最具體，其餘均平平。核閱本日文電二十餘件。夜任叔永來談研究院事。十一時寢。

3月6日　星期一　陰

八時卅分起。應委員長召到官邸，命約教育人員入黨，又催辦講演記錄。歸寓後以電話與立兄接洽之。閱革命哲學（姜琦著，書名抗戰建國與民生哲學）及戴著三民主義哲學的基礎，參考總理講演集，為撰擬講演詞作準備也。午後小睡至四時，睡極酣暢。夢在家中，先君自遠地歸來，歡喜不勝。余近來常作類此之夢，非一次矣。核辦本日文電十八件。接楊佛士君來函，轉示雲史函，即覆之。夜溯中來談獨立出版社計畫甚久。十一時卅分寢。

3月7日　星期二　雨

八時起。到官邸謁委員長，命撰擬行的哲學講演詞，口授要旨數點，又諭令發電兩件。退至辦公室，處理文件。辦公廳送來檢閱訓詞及壯丁檢閱訓詞，交張秘書改擬。約唯果來談。十一時歸寓。十二時蔣夫人約往談，囑代擬三八婦女節講演詞，余近日實疲煩不堪，然不得不勉允。午餐畢小睡一小時。至五時將三八節講演詞寫成。公弢來談片刻，六時核辦文件十六件，情報八件。夜頭痛又作，不能作事。十時就寢。

3月8日　星期三　晴

晨八時起。到官邸謁委員長，承命準備三事：
（一）整理歷年檔案文件，（二）整理言論並研究思想；
（三）辦一中心刊物。又補充行的哲學要旨數點，並談
滇省及國外軍械借款事（以接電交閱命抄送孔先生），
退至辦公室，分別辦發之。歸寓修改五日歡宴教育會議
之演詞，內容太煩，而詞意不能顯達，修改極費力。又
為蔣夫人改電稿一件。午餐後小睡僅卅分鐘即醒。將教
育演詞改成，費時前後約四小時。傍晚核閱文電十二
件，發出核示中央黨部工作計畫代電。晚餐後，集中心
思（又借助於安眠藥丸），寫行的哲學講稿，十二時寫
成（約四千言）。一時寢。

3月9日　星期四　陰晴

八時十五分起。立夫送來教育會議宣言稿，囑為修
正。適接委員長電話，到官邸談二十分鐘歸。承命搜集文
件數種，呈送參考，並核轉榮秘書所擬貼報稿冊一件。時
已九時卅分，將教育會議宣言匆匆修改畢，十一時送去，
不及細閱。十二時卅分到官邸午餐，與楚、岳、自明諸君
商精神總動員事。二時卅分歸，小睡起，到岳軍家續商，
由岳軍主持草擬總動員之各組織及舉行月會辦法，歸寓。
核辦今日文電十四件，情報七件。夜岳軍送來實施辦法。
簽明送呈之。九時後著手修改蔣夫人論文中華民族之再生
（九），覺腦筋疲滯不能用心，遂置之。洗澡就寢，已

十一時矣。

3月10日　星期五　晴

八時起。到官邸謁委員長，承詢編纂史料事有無計畫，並問大哥在鄉情形，又交辦三事。退至辦公室，發龍主席電，為約請周惺甫下月初來渝。又致何總參謀長代電，詢軍事參議官有缺額否，擬補向傳義。並研究黨的幹部訓練計畫。十時起為蔣夫人修改中華民族的再生（九），至十二時始畢。歸寓午餐，餐畢，奉交下精神總動員實施辦法簽擬意見，並校對原件送張秘書長發表之。三時始得小憩，睡至四時即起。頭腦又涔涔作痛，心煩甚，已待理事甚多，而雜務間之，時間精力均不夠也。曉峰來談約一小時，旋唯果來談。傍晚芷町來，核閱文電十二件、情報五件。接端升函。夜校閱蔣夫人覆西村函稿，對其措詞不甚贊同。十一時洗澡就寢。

3月11日　星期六　陰

八時四十分起。今日委員長赴南岸，本可專心工作，補完未了各事，但精神極不振，時作時輟，一無成就。午後飭竺副官奉獻節約獻金個人獻五百元、家庭獻二百元，又由三民主義青年團加獻三百元，遠兒奔走勸募，亦達百四十餘元。四時同茲來談，旋顯光來談，顯光去後唯果來談，攜文稿請改削。六時卅分芷始攜本日文電十六件來寓，核閱完畢，至八時卅分始晚餐。餐畢唯果略

談去。委員長約往談，以三民主義實行程序表交余審閱，
九時卅分歸。孟海來談，十時後始得安靜。代擬中央研究
院評議會開會祝勉之電。十一時卅分寢，一時始入睡。

3月12日　星期四　陰

八時起。委員長約往談，就三民主義實行程序表
再加商榷，並報告黨史編纂等事。又詢整理檔案史料以
何人為宜，舉李仲公以對，委員長以為不適宜，退而歸
寓。海濱、鐵城兩君先後過訪，各談卅分鐘而去。函岳
軍先生，告以精神總動員會秘書長已由委員長指定彼擔
任，請早日召集會議。午後仍覺頭痛，但急欲結束文字
工作，乃將行的哲學講演詞著手修改補充。腦力疲滯，
進行遲緩，至午後六時草草完稿。核辦文電十一件。夜
改擬實施精神總動員之通電，芷町所起草也。九時完
稿，送中央社。十一時寢。

3月13日　星期一　陰

晨九時起。以昨晚勉強用腦，今日精神極不振，終
日頭痛不能作事，雜念紛起，就臥則更甚。學素來商駁斥
去年二月十日某報所論黨派問題事。向午唯果來商文字，
言委員長午後當去南岸，余亦竟無精神再往見謁陳一切
也。午後徬徨煩悶更甚，心情暴烈，不能自抑制。公弢來
辭行，談四十分鐘而去。對滇中諸友亦不及回簡致候矣。
傍晚核辦文電十四件，既畢，疲甚。晚餐後服藥早睡。

3月14日　星期二　陰

　　晨九時起。今日情形仍與昨日一樣，心煩不欲臥，
既起又不能作事，體弱如此，何以服務，煩懣不置。料理
函件四、五件，接胡大使自美來電，摘呈之。起草講稿，
至下午盡三紙，既成自視殊不能用。李任潮及力子來訪，
留交吳某意見書一件，審閱一遍，覺見解紕謬滋甚，而任
潮以為彼腹中所欲言，洵不可解也。簽註意見而送呈之。
公展來談良久，對宣傳部人事感無法充實之苦。傍晚核辦
文電十七件，八時晚餐。十時服藥二丸就寢。

3月15日　星期三　陰

　　八時十分起。昨晚睡眠稍佳，今日精神較好，著手
起草關於哀公問政章之講演，午前成五張，不能再續。飭
竺副官購書三冊。委員長命檢去年二月十日新華日報所載
毛澤東之談話，交正中書局翻印一百冊備用。午餐後小睡
四十分鐘。三時紹棣、健中來談，四時偕往官邸，聞委員
長已自南岸回，登樓謁談，報告腦病甚劇，請給短假休
息。委員長命減少工作，靜心養息，不必請假。蔣夫人約
往談約三十分鐘，陪紹棣等同見，會談約一小時。五時
歸，代批公事六件，接辦文電十二件。夜修改行的哲學。
十一時寢。

3月16日　星期四　陰

　　八時十五時分起。今日精神亦尚佳，為使早日恢復

健全，不復勉強工作。午前閱外交時報論文四篇，南華日報社論十篇，並閱張君勱所著立國之道。午後一時小睡至三時半醒。睡眠極酣，唯頸項僂麻窒斯又作，且延入肩胛部分。若果蔓延，又是一打擊也。俞欽、福汕二姻姪來談。接皋兒來函，勸余易地療養。四時羅剛（隱柔）君來談，彼擬編撰三民主義與民生哲學，為余詳述其編撰計劃，討論甚久，余提意見三點，談約一時十五分而去。修改政工會議開幕訓詞一篇，自誠所記錄，極有條理，如此文字修改乃不費時。夜續寫哀公問政章講詞二張。十一時就寢。

3月17日　星期五　陰

八時卅分起。為蔣夫人修改中華民族的再生（十）論文一篇，內容係論述精神總動員之必要，並結束全文。原稿文字較晦澀，修改極費力，至十一時卅分始畢。公展送來總理遺教論共產主義部分，摘要並簽註意見。閱之覺未盡完備，但委員長限今日送呈，遂不得不呈核。午後小睡約一小時卅分，近日疲倦情形可以想見，四時後發憤將哀公問政章之講詞繼續撰擬，傍晚覺頭暈更烈，今晚參事會談遂不得不請假。晚餐後將講詞努力完成。十一時卅分寢。

3月18日　星期六　雨

八時卅分起。昨夜完成之講詞已清繕複寫稿，取而

覆閱，只覺重複凌亂，以此知說理之文真不易作，而腦筋疲滯中亦斷斷寫不出流暢明白之文字也。唯果來談兩日之所見所聞及參事會談研究歐局之結論。近日德國兼併勢燄咄咄逼人，歐局安危繫於一髮矣。午枕琴先生談，言大哥之款已託農行匯出，就余談近事約一小時而去。午後修改校閱訓詞及檢閱壯丁訓詞各一篇。小睡不能合眼，神經緊張已甚。五時芷町、學素攜文電十六件來，分別處理之。接四弟金華發函（九日寄出），知將回鄉一行。夜自誠來談，覆閱講詞，更不滿意。十時寢。

3月19日　星期日　雨

八時卅分起。今日決心休息一天，以恢復神經之疲勞。十時將擬成之講稿寄國華轉呈。自知積疊之件略告段落，以後心思必較寬閒，只要二、三日內無續交之工作，則休息必易收效也。閱報見范石生先生被狙擊逝世（十七日），為之惋悼不置。此老為余治腦病，今無從問津矣。午後小睡極酣，芷町送來文電八件（次要者未攜來），即為決定處理。又辦公廳送來致張藎忱等函及對其部隊慰勞詞，略為修改，即送還。夜到新記飯莊晚餐，過德哥家小坐，十時卅分歸，十一時寢。

3月20日　星期一　雨

九時起。頭暈心煩仍未痊，委員長約往黃山午餐，未赴也。俞秘書送來批表及函呈數件，一一批閱而研究之

（特種問題委員會之件擬存備閱）。傍午唯果來談，攜兩文囑余斟酌。其英文一篇「日本將死於迷惘」文字結構均佳，又一篇為黨報社論，係論軍事者，不能暢所欲言，亦難怪也。午餐後為中央政校與考試法聯繫問題研究良久，最後決定不簽意見。六時赴中央日報社論委員會之會餐，到博生、楚傖等九人。餐畢與滄波略談歸，順道訪岳軍未遇。歸寓疲甚，即洗澡就寢。

3月21日　星期二　陰雨、下午晴

八時卅分起。以昨日與人談話太多，今日腦筋脹痛，較昨晨更甚。閱報知十九、二十日兩日敵艦在鎮海口外發砲數百響，並窺伺餘姚洋面，想吾甬人心必極震動。遑念家鄉，懸繫不止。午後佩箴先生來談甚久，送來琢堂先生函。又景韓寄來之敵情研究資料，分別呈閱之。四時委員長約往談，命將某函預備明日交去。又詢余病狀，命休息一星期，謂月底以前無緊要工作也。歸核辦文電十二件。夜無事十時寢。

3月22日　星期三　晴

九時卅分起。自昨日起，請胡醫官繼續注射砒素劑，恐長此以往支持不住也。今日事甚閒，而心思遂不能安定。三日來畏寒特甚，今日鼻腔有發炎之象，此間天氣真不適宜於弱者。聞季陶病已多日，其心境煩亂有如民十五年時現象，亦不及往視也。午餐後再

睡一小時起，覺精神稍振。聞中央社接港電，曾仲鳴在河內被刺殞命。傍晚核呈文電十一件，情報八件。晚餐後不思作事，讀文選。十時打針後寢。

3 月 23 日　星期四　晴　六十六度

九時十分起。傷風較昨更劇。十時蕭自誠來談，十一時唯果來談歐局，至十二時始去。余靜聽之，未參加意見，然談話一小時餘，即覺心煩不置矣。午餐後小睡亦未入眠，心緒煩亂之至。學素告我，南昌方面之戰況激烈，一旦失利，浙贛車斷，則家人消息必更隔絕。改正兵役會議訓詞一篇，即送自誠交政治部印發之。邵夫人來談，知力子先生近來精神極佳。傍晚核辦文電十件。夜打針後十時寢。

3 月 24 日　星期五　陰　六十四度

八時卅分起。傷風稍癒，但頭眩心煩不置，兩目亦略覺昏翳，迄不知是何病狀。擬著手修改文件，費時二小時，亦只能略閱一遍而已。午後擬為青年團撰宣誓訓詞，發篋檢讀舊稿，亦竟未改成，蓋腦力真不濟也。本週星期會談改今日舉行，以病假未參與。傍晚核辦文電十二件，又修改陸大第十五期生畢業訓詞一首。夜覺閒坐無聊，閱鄒海濱著中國國民黨黨史稿六十餘頁。十時卅分就寢。

3月25日　星期六　陰　五十八度

八時起。以再生社經費囑祖望專送張君，又以抗戰建國綱領實施方案交四組存檔備查。閱敵情研究第一輯。午餐時忽覺發冷頭暈，小憩始癒。聞南昌方面戰局益緊，杭州敵亦有渡江蠢動勢，唯寧波方面則自廿三日後轉較沉寂云。大哥、四弟均無信來，不勝繫念。四時偕默挈樂兒往游老鷹岩，天氣陰寒，山上更冷，散步四十分鐘，因畏寒，遂歸。澤永甥來談政治部事，芷町攜文電十二件來，奉委員長手諭此後公事限一、三、五始得呈閱。夜收拾書件備明日去北碚。十一時卅分寢。

3月26日　星期日　晴

八時起。作函數緘，分致楚、騮、岳諸君。唯果、學素來，以處務囑咐之。九時四十分偕默攜兩兒由公路去北碚。旦姨亦同往，蓋彼等離碚已三月，而余在渝疲煩至此，亦非轉地療治不可也。十時四十分過老鷹崖，十一時十分經青木關，此後路基不平，車身震盪殊甚。十一時四十分始抵碚寓。一時卅分午餐畢，小睡約一小時半，甚覺酣適。三時卅分起，閱黨員須知初稿，首尾三萬餘言，條理粗具，內容尚待充實。傍晚攜憐兒、樂兒到嘉陵江岸沙灘上散步閒眺久之。夜十時卅分寢。

3月27日　星期一　陰、下午晴

九時十五分起。昨晚睡眠充足，晨起覺腦筋清澄，

意在養息，故不作事。午餐後偕默攜樂兒乘輿往游北溫泉，循嘉陵江岸而往，陸程七里，約一小時許到達。略遊一周，並在數帆樓上之茶社小憩。游人眾多，泉水不潔，遂未入浴。四時雇小舟歸，溪水深碧，如行畫圖中，約半小時到北碚市，回寓尚未及五時也。何君孟祁自重慶來，今晚宿余寓。夜與人閒談，十一時寢。

3 月 28 日　　星期二　　晴

晨八時卅分起。忽覺傷風甚劇，以夜來被褥太熱，晨起衣單，坐院前受風，遂著涼也。為孟祁作函致邵力子先生，介紹戰地黨政會事。十時後傷風更甚，意極不快。今日為先二祖父諱忌，在碚寓設祭。午餐畢，不能支坐，就枕小憩，咳嗽大作，已而入睡。夢在南京與力子先生等談戰局，參加游行，自太平門入城，晤中央大學熟友多人，至五時許始醒。尋思作夢之因，蓋在北碚親見流亡生活之慘，故有此感觸，然神經之不堪刺激，亦可見一斑焉。夜傷風稍痊，仍休息不作事。十一時寢。今夜九時許聞警報，十時四十分始解除。

3 月 29 日　　星期三　　晴

九時起。昨晚睡中多夢，精神甚不舒。傷風更劇，以吸入器治之，兩次均無效果，頭重腦痛，氣管似有微炎，天氣暖甚，而余甚畏寒，攬鏡自照，顏色枯燥縐黑，如此衰弱多病，真如老人矣。午後小睡，亦不能酣適。三時後

日光射入，以太暖，致心緒更煩躁。挈遠兒往視芷町之母太夫人，對余談亂離之苦並以重慶空防如何為問。蓋今午十二時又發警報，約五十分鐘始解除，是否竄入渝市，尚不得知。芷町之母六十有九，只芷町一子，宜其懸念不置矣。談二十分後辭出，在運動場視壯丁操演，又至沙灘上散步久之，六時卅分歸。今日允默收拾衣件，且以余傷風未癒，故未歸渝。然余來此已四日，休養之效未睹，而心思之煩亂較在渝時更甚。自念在此戰時，生活不能緊張，工作不能周到，既無補於國家，又不能管教子女，使允默獨任艱勞，即侍從室內之職務，亦荒廢滋甚，至大限度亦不過做到文字工作不貽誤而止，然此究何補於大局乎。猛省及之，至為怏怏。夜與憐兒談話。至十時卅分寢。

3月30日　星期四　晴　七十四度

八時卅分起。今日精神較昨日為佳，蓋昨晚服 Ipral 一丸半，有七小時充足之睡眠也。今日天氣更暖，有如初夏，開窗野望，胸臆為之一寬。作致四弟及泉、皋、細等各一函。十二時午餐畢，以傷風未癒，仍小睡休憩，又得一小時以上之深睡眠。三時卅分偕允默等自北碚動身返渝，行至十六公里處，汽車後胎忽損壞，修理補換，約一小時始畢。六時卅分始抵重慶，呼水洗澡，夜略閱文件，十一時寢。

3 月 31 日　星期五　晴　七十八度

八時十分起。昨睡亦尚佳，唯氣候躁熱，似更甚於北碚，咳嗽尚未全癒。十時芷町來，處理本日文電七、八件，閱批表十八件，已辦文電十四件。張劍鋒來談經濟困迫請求加薪，余以私人之款助之。曉以公私大義，彼似未能了解，深可慨也。午餐後再與芷町談話，彼今日起請假三天，赴北碚省母。接岳軍、騮先等來函慰問余病。於組長平遠來問疾。余適午睡，未接談也。改定第四分校十四期生畢業訓詞一篇。六時學素送來文電、情報各八件，即核閱辦發之，養甫、健中兩兄來談甚久。七時四十分晚餐，實之弟來談，知已升任人事處長矣。再作四弟一函，寄宜山。並寄出諸兒函。十一時寢。

3 月份之回溯

本月三十一天。自十日以前尚能勉強工作，中旬後病象日著，仍力疾撰寫交辦之文件。十九日以後重要積件大致已料理清楚，而腦病癒劇，且患傷風，不得不向委員長請假。中間赴北碚小住數日，所見所聞諸多感觸，一無好懷，至月終病尚未癒也。本月中見客僅三十八人、訪友四次、出席會議及會報各一次、參加會談及會餐三次。本身職務方面屬於審查及研究工作者：【甲】審查中央各部會半月工作計劃一件，研究三民主義實行程序表一件。【乙】屬於修改工作者：（甲）檢閱訓詞，校閱壯丁訓詞，張自忠部慰勞詞，實施精神動員通電；（乙）政工會

議訓詞，兵役會議開幕詞，招待教育會議代表之演詞；
（丙）陸大中五期畢業訓詞，四分校十四期畢業訓詞；
（丁）全國教育會議宣言。【丙】關於撰擬方面者：（甲）
三八節演詞，第三次教育會議致詞，中央研究院評議會祝
電；（乙）行的哲學講詞，政治的道理講詞，闡明哀公問
政章之內容。又代蔣夫人修改論文三篇。平均每日一件，
然精力竟消耗至此，殊不可解。近來治心工夫已日見退
步，煩思雜慮，排之不去，而神經敏感特甚，往往煩憂無
端，自視若愆尤叢積，又不能強自振奮。此皆神經衰弱之
症象也。下月起宜努力克治之。

4月1日　星期六　陰雨、夜下冰雹

八時十分起。處理私人函件十四件，閱情報多件。聞委員長今日已自南岸回渝，午刻仍舉行星期會談。但余精神仍未全復，故未往參加，擬在寓補充未辦各件，而進行極遲滯，殊可腦恨。午後四時張國燾君來談一小時餘，對於抗戰形勢及訓編幹部辦法提出不少之意見。六時學素攜來本日文電十五件，又情報六件，分別處理之。於組長平遠來訪，談第六組工作情形，有辭去兼職之意。八時始得晚餐，夜讀書，未作事。十一時寢。

4月2日　星期日　晴　六十二度

八時十分起。近日夜間睡眠稍安，精神似已逐漸恢復，但腦力仍極不濟，午前僅摘記昨日與張君談話之一段，寫三、四百字後，即不能繼續，其憊可知矣。閱報見歐局緊張日甚，德波關係外似和緩而內實劇烈，歐洲有無戰事，當在本月內決定。午後姑就枕小憩，又睡一小時。近來嗜睡特甚。二時卅分開始校閱蔣夫人所撰之論文中華民族之復興前後十篇。四時邵毓麟君來談個人之出處。邵君去後繼續校改，至夜九時完畢。十時卅分寢。

4月3日　星期一　雨　五十六度

七時卅分起。發寄大哥一書，託次行由港轉寄。十時唯果來談，彼對於歐洲局勢及抗戰前途之觀測，約一小時而去。余靜聽太久，忽覺頭暈腦痛，且發冷不止，小睡

亦無效，中午遂未進食。原定今日銷假，而病殊不癒，乃
不得不函呈續假。四時後再睡至六時起。核辦本日文電
十五件，其中有財政一件，閱之甚費力，芷町以其重要，
故欲余親閱之。八時晚餐後，審閱中宣部送來之言論集目
錄。並覆步青一函，為印書事。十時四十五分就寢。

4月4日　星期二　陰

八時十分起。今日為兒童節，明、樂兩兒要我講故
事，為講述余兒時之生活，並勉以強身立志之重要。十時
劉乙青君來談編印總裁言論事，甚久而去。果夫函述黨政
訓練班第一期組織上之缺點，為摘要逕呈。季陶來函，擬
請假赴成都展墓，請總裁批准。其詞極鄭重，蓋亦神經患
者變態心理之表現也。午後無事，閱華南日報三月份之社
評，並摘呈概要。七弟來談，晚餐後去。今日核辦文電
十八件。余請假之函奉批：「可休息十日」。夜讀書，至
十一時卅分寢。

4月5日　星期三　晴

九時起。閱大公報載汪與平沼間竟成立秘密約定之
條款，消息來源自上海敵方傳出。殊不信汪氏竟倒行逆施
至此，然無風何由起浪，想起國家前途及國民黨之歷史，
悲慨不可名狀。十時蕭化之來談，對西南行營特別黨部書
記長之命，表示猶豫，囑請示委員長決定之。唯果攜論文
一篇來就正，題為斯巴特萊島被佔以後，亦尚平妥。十一

時苓西兄來談，約卅分鐘而去。午後小睡一小時。季鸞寄來一函，即呈委員長。閱林桂圃之國論。六時芷町攜來文電卅餘件，委員長事繁，不閱公事，擇其可以代批者代為批辦之。八時晚餐，實之弟來談卅分鐘去。夜閱日人船山信一著三民主義思想的性質。十一時寢。

4 月 6 日　星期四　晴

八時十分起。休養又一星期，腦力終不恢復。午前閱民意血路周刊關於國際之論文七篇，隨閱隨忘，衰疲至此，真無可救藥矣。十時張文白兄來訪，談侍從室近來情形及委員長最近注意各事，並研究汪在河內今後之動向，談約一小時去。午後陳博生君寄來南華日報論文二篇及港報評論若干首，擇要呈閱。六時卅分芷町攜文電十六件來，擇其不甚重要之八件逕代批辦，餘仍呈核。又閱情報十二件。八時晚餐，溯中來訪，未晤談。夜十時卅分寢。

4 月 7 日　星期五　陰

八時卅分起。今晨精神仍極疲倦，但腦力似已漸就恢復，思緒不復如前之煩雜。晨起閱報後，並閱情報六件、南華日報論評八篇，又閱國際週報內論文七篇。午餐後小睡一小時，起後研究對目前時局之宣傳要點。三時後審擬獨立出版社擴充計劃，就溯中原稿加以改定。六時卅分核辦本日文電十一件，胡適之有長電來，論歐局及美國

動態極詳盡。夜八時楚傖、溯中兩君來會商獨立出版社之件，十時卅分始散。十一時寢。

4月8日　星期六　陰　六十二度

六時即醒，心煩不置。今日起因胡醫官病暫停注射，又因骨痛不能起坐，合眼靜養，終不能克制煩慮，旋朦朧睡去，至九時起。閱報及情報六件。十一時卅分後忽又覺頭部左右均作劇痛，就床小憩，直至一時卅分醒。略進午餐，不能多食。二時滄波來訪，談歐局及宣傳事，並勸余多多休養。四時岳軍來訪，商專門委員會問題及秘書廳第二處工作進行要項，並雜談近事，五時始去。核辦文電十二件，閱呈情報八件。七弟來攜示六弟來函，言將離滬西上。夜仍覺疲倦，十時寢。

4月9日　星期日　陰　六十二度

十時十五分始起。昨日心境之惡劣，為十日來所未有。今晨精神較寬敞，與昨日完全不同。晨餐後，研究岳軍留交之整刷政治綱要表解，覺理想甚高，而此時為之未能澈底，且亦緩不濟急也。十一時積祚來談，詢其近來致力事業情形，勉以端正趨向，專精所事，且須不忘本。午餐後小睡一小時，呈委員長一函，並準備關於精神總動員之廣播演詞。閱淮南子三篇。傍晚核辦文電十一件，夜摘呈（一日）與張君談話記，並轉呈南華社論等三篇。十一時寢。

4月10日　星期一　陰　六十二度

九時卅分起。今日精神仍不見佳，但閒居覺太無聊，乃取當前問題一一摘列而研究之。認為應急待決定而又無法解決者至少當有八、九項，身居輔弼之職，殊無以副當局之望，而分其憂，奈何。十一時唯果來談，外交部研擬對國聯提案之準備案。午餐後小睡一小時，將岳軍所交之整飭政治綱要再加審閱，簽註意見六項送還之。晚餐食薄餅及拉麵，兩小兒所製也。夜唯果再來研究某項談話稿。十一時服藥寢。

4月11日　星期二　晴　六十二度

九時四十分起。今日頭痛又劇作，且腸胃不暢，諸病百出，真不幸極矣。改擬對新聞記者談話稿（為英使來渝事）一則，專人送黃山呈閱。並簽擬意見，認為不發表更妥。十時卅分唯果來談，午餐後去。論文字及處世作事之道，覺其見解大半精確，又談戰後應注意青年問題，討論頗久。二時卅分唯果去後，思小睡不可得，驪先來訪竟未及接晤，甚以為歉也。傍晚芷町來，核閱文電十二件，談縣以下行政機構約一小時。代委員長撰中國之復興序言，約一千五百言。夜服安利納治兩丸，頭痛稍瘥，十二時卅分寢。

4月12日　星期三　晴　六十二度

九時卅分起。今日天氣晴朗乾爽，余之腦病較前日

良好，骨痛不作，心思亦鎮定不煩亂，揆其原因，或係十日、十一日服適量之安眠劑，故發生鎮靜作用。自吟兄謝世後，允默懲毖前失，因之常苦勸余少服安眠藥，能使病症速痊。午前遍閱各報及情報多件，委員長批准獨立出版社計劃，囑望弟通知溯中，亦了卻一件心事。驄先來談黨政訓練班第二期計畫。午後仍小睡一小時起，研究精神總動員綱領。傍晚核辦文電十件、情報十二件，夜讀國論雜誌。十一時寢。

4月13日　星期四　陰　六十八度

九時起。今日精神健適，心理安舒，與昨日相似，此為最近三日來之現象，想靜養已漸著功效矣。唯腦力終不能十分恢復。擬撰寫精神動員講稿，搜集過去各種文件，比類尋繹，終覺無何新意可以發揮，提筆屢止，終無成就。溯中、實之先後來訪。午餐後一時卅分就睡，竟沉沉酣睡，至五時始起。晚餐後核閱本日文電十四件，辦情報件八件。奉委員長手諭飭認真督率小組會及月會。十一時卅分就寢。

4月14日　星期五　陰

八時四十分起。以昨晚未服安眠藥，夜中屢次驚醒，睡眠不充暢，今晨頭腦暈重，精神又覺不濟。起閱日報數種後，即覺疲倦，再睡不能成眠。十二時芷町來，傳述張秘書長語，囑審閱關於精神總動員工作分配計畫及運

用原有組織辦法。以待用甚急，一時強起為審閱數遍，修改數段，於四時後送還之。六時核閱文電十二件，晚餐後為委員長起草精神總動員宣傳週講演詞，至九時卅分僅成兩大段，而神經已倦，遂洗澡就寢。

4月15日　星期六　陰

八時卅分起。今日精神較昨為佳，但腦力未恢復。閱報畢，開始撰擬將昨日起草講演稿完成之。一時接委員長黃山來電話，詢余病狀，告已痊癒，下週即銷假，但仍電諭休息靜養，囑勿閱文電，勿問雜務。體恤至此真使余愧感無地矣。午餐後小睡一小時，三時往黃土坡一號訪惺甫先生，談滇省情形甚久。出至油市街訪雪艇主任，談訓練班事。今日文電極簡，僅四、五件。夜與委員長再通電話。細兒來家，十時卅分寢。

4月16日　星期日　晴

八時卅分起。今日精神亦尚佳，此數日來注射藥針已漸見功效，唯作事仍不能迅速耳。閱情報數件後，與細兒及九妹略談。九妹有輟學就事之意，余殊以為不必。向午七弟來，未及詳談。午後小睡甚久，至四時卅分始醒。委員長命再修改精神動員廣播詞，又補入一段，印繕呈之。六時力子先生來訪，談戰地黨政委員會情形，詞意間不無煩悶。力子去後，核辦文電十四、五件。七時到官邸參加晚餐，宴周惺老及雷渭南，到孔、何、張、葉等八

人。餐畢偕岳軍同往訪鐵城話別，彼明日赴港矣。十時卅
分寢。

4月17日　星期一　陰

　　七時卅分起。八時到國防最高委員會，出席秘書廳
紀念週，簡單向同人致辭，並與胡秀松、吳國楨二處長及
王、潘、邱各參事談話。余受任副秘書長後，今日尚是第
一次到會也。十時偕狄君武兄往市民醫院，問居先生疾。
居先生患肋膜炎，病勢不佳，方施行手術，遂未入病室，
僅見其夫人，略致慰候而出。午後為委員長修改講稿。五
時公展來長談。今日核辦文電僅六、七件。七時到生生花
園晚餐，到德哥、君誨先生、孟海、芷町等。夜為委員長
擬慰唁謝慧生家屬電，十一時寢。

4月18日　星期二　雨　六十六度

　　七時四十分起。八時到官邸謁委員長，承命起草談
話稿，並示余以汪致某函，囑閱後保存。退歸辦公室，約
唯果研究後，就委員長原意為撰擬問答約八百字。委員長
恐閱者不能暢悉，言之唯恐不詳盡，殊嫌未能簡括也。
十一時五十五分賚呈再核，即在官邸陪周惺老午餐。餐
畢，委員長以修改稿命再審閱，歸寓小睡後，再修潤繕
呈，略有修改後發下，交李秘書賚送國際宣傳處發表。以
為可定稿矣，九時接電話，仍命補充一段，遂遵照補入重
發，事畢已十時。今日芷町請假，往辦公室核辦文電九

件，唯果來談。十一時卅分寢。

4月19日　星期三　陰雨　六十五度

晨八時卅分起。今日精神較昨稍遜，且又有畏寒怕風之感覺，殆氣候使然也。閱報知歐局急轉直下，以大事揣度之，戰爭已不可避免，東半球必同罹浩劫。處理私人函電十件，閱情報十八件。發電致六弟，囑其離滬到港，先向鐵城處覓取工作，電由中央社代發（下署彥及巧）。奉委員長命，修改「汪精衛誣陷抗戰軍事之罪惡」再審閱，就原稿作兩度之補充，至午後四時始畢，乃不可支，即送政治部賀秘書長印發。夜奉命暫緩發表。於平遠兄來談六組事，核辦本日文電八件。十一時卅分寢。

4月20日　星期四　陰

八時五十分。致賀衷寒秘書長書，告昨稿尚須修改。閱情報多件，近日敵國政鬥殊寥落，其內幕中之商討，如對歐問題及德意匈間關係加強問題，必甚緊張而嚴重也。電黎叔，詢大哥行止。又函龍志舟，為袁業裕君介紹。十時杭立武君賫港督覆函來，談香港情形一小時而去。十一時委員長約往談，當面報告之。昨稿待委員長修改多處，攜回再寄賀秘書長。午後一時再接電話，諭可酌量發表。今日午睡未合眼，起後心緒極惡劣。傍晚核辦文電十一件，以部屬行事種種不如意，惱怒異常。夜以電話斥誡郭組員。十一時服藥寢。

4月21日　星期五　陰晴　七十二度

八時卅分起。以昨晚鬱怒，今日精神頗受影響。午前閱報，並批閱情報多件。一時到官邸，見委員長，交下周公集傳及仁湖摭談等書籍數種，囑為審閱。仁湖摭談者奉化孫詒（兆梅）所著，就委座日記中摘記其修養事功而輯者也。委員長以為可付印，命暫保存之。又交下表卿先生函一件，為王宇高、袁孟純、孫兆梅請酌助膏火之資。此三君皆少年好學，在奉化文士中為後起之秀，委員長命枕琴署長以二千元遣之，亦可見其拳拳不忘故鄉矣。又問鄭克堂君之從政規範稿。此三件余未獲見，或在行政院秘書處，函毛慶祥君轉詢之。午後小睡一小時餘。閱仁湖摭談，覺筆墨不俗。養甫來談，銳意以建設川滇鐵路自任，並談海外諸務及如何灌輸技術人員以政治意識之意見。傍晚蔣養春市長來談重慶市政及其本人在黨政訓練班受訓之經驗甚詳。晚餐後，芷町攜文電情報十件來。蕭化之越級妄簽意見，心殊惡之。夜校閱黨訓班第一期開學訓詞，又檢送夫人文稿及序言稿。十一時卅分寢。

4月22日　星期六　陰雨

七時卅分。研究中政校改制問題，未得結論。九時到官邸一轉，九時卅分到黨政訓練班，聽委員長作精神訓話。文白主任及各組長均參加，講演約一小時完畢。歸至辦公室，起草地政學會第五屆年會訓詞，並核辦文電四件。十二時參加星期會談，到二十一人，餐畢研究

外交問題。二時會散，約周枚蓀君談政校事。三時歸寓
小睡。五時約嚴北溟來談約一小時二十分。六時卅分赴
文白家晚餐。九時到官邸見委員長，報告數事，十時
歸。十一時寢。

4月23日　星期日　雨

八時起。盥洗畢，到官邸一轉，即與芷町等歸寓。
陸步青君來，商談出版各國地方制度問題。旋屈文六、壽
毅成兩君來訪，談復性書院籌備會組織之問題。屈君勸余
研究佛學，談約一小時去。王光強君來，談縣以下地方自
治及黨政組織問題。一時午餐，溯中來，談獨立出版社
事。小睡一小時餘。簽擬中政校改制問題之意見。七時委
員長約往談，交下關於革命哲學知行合一學說部分，謂應
再修改，勿使與總理遺教有出入，並命余可轉地療養，夜
十時寢。

4月24日　星期一　陰雨

八時卅分起。接六弟來電。李秘書唯果來談，出示
星期論文一篇。俞秘書送來羅總統覆委員長函（二月十四
發，四月八日由貝克送呈），一尋常通候之函札而已，仍
交俞秘書保存之。十一時到黃土坡訪問周惺甫先生，值外
出未晤，遂歸。午後小睡至三時醒。在余寓舉行獨立出版
社第一次董事會，到楚傖、立夫、溯中三人，推定溯中為
總經理，五時完畢，溯中再留談卅分鐘去。六時卅分接季

鸞來電，論國際形勢。蔣夫人招往談話，再四勸余多作休息，最好離渝靜養一月，謂不可勉強辦事，以致疾病。七時卅分到官邸會餐，到劉海泉、周惺甫、敏珠等多人，餐畢約政之過余寓詳談。十一時寢。

4月25日　星期二　晴　六十五度

七時卅分起。奉召到官邸，囑擬致國外某君電稿，由哲生面轉。以此件須中西文並用，乃囑唯果起初稿，余先歸寓。核改「黨與國之關係」（黨政訓練頒第一期講）講詞一篇。十時唯果攜稿來，為斟酌修潤而呈核之。十時敏珠（敏字孟經）、策旺號布（此人為東扈特旗之盟長）來談新疆省之民族問題約卅分鐘。旋孫墀君來談西北問題，約一小時而去。午餐後休息，竟沉睡不醒，夢境離奇，異常吃力。四時卅分往黃土坡訪周惺老，送去周公集傳請其審閱。五時卅分歸，核辦本日文電二十件，費時甚久。夜讀雜誌數種。十一時寢。

4月26日　星期三　晴　七十二度

六時一刻即醒，勉強合眼靜養，至七時卅分起，實未睡足也。八時卅分奉召到官邸，交下唐孟瀟電，口授大旨，命擬覆稿。退至辦公室，與李秘書研究昨發致國外電文，並聽其報告克蘭來見之大概。九時卅分歸寓，起草覆孟瀟之電，託其轉達龍主席。措詞屬字甚費斟酌，至十一時卅分始完稿，午餐後繕正送閱。小睡未成眠，三時

起乃覺全身疲乏無力。修改精神動員綱領表解一件，閱情報十二件，殊感心煩。學素起稿，只求速不求精，浮光掠影，殊無進步。四時浙大教授賀昌羣來談。客去乃覺不能支持，夜強起校閱革命哲學未竣，十時卅分寢。

4月27日　星期四　晴　七十三度

　　七時四十分起。八時奉召到官邸一轉，委員長將覆唐電交下，命研究繕正拍發之。又接洽紐約時報記者 Dalton 進見事，命飭李秘書先擬談話稿再定。今日侍從室會報暫停一次。九時卅分歸寓，覺疲軟無力，一如昨日午後之現象，強起閱第六組會報。學素粗心浮氣，一無進步，洵可慨也。周枕公來訪，談卅分鐘去。處理積件，覆私函數緘。午餐後小睡，亦屢醒，頭痛不舒。四時後校閱革命哲學改正本，六時送呈。芷町攜來文電十五件，閱之極費力。夜唯果來談，九時再約嚴溟北來談，思想極不純正，熱中見于詞色，表示願意入黨，而對黨實無信仰。面切其一切應慎重，並以委員長命贈與川資，囑即回浙。客去後甚不快。十一時寢。

4月28日　星期五　晴、傍晚陰雨

　　八時卅分起。委邱濬為四組司書。往黃土坡訪周惺甫先生，談攝生治事之道甚久。委員長命惺老在中央任職，惺老以體力不勝繁劇辭謝，謂稍為清簡之事則勉可應命云云。歸寓後閱第六組情報多件，午到官邸午餐，惺甫

先生及果夫同餐。餐畢歸寓午睡。又夢歸故鄉，且似先父同遠道歸來者。夢中度越窄岸，急欲見父，而岸徑窄峻異常，步履極費力。四時卅分始醒，蓋睡足二小時矣。起而小憩，似覺精神漸復，閱中央黨部工作進度表未完竣，審閱國民月會開始典禮廣播詞，決定採用胡秋原之稿。夜核辦文電十二件，十一時寢。

4月29日　星期六　晴

八時起。到官邸謁委員長，命修改五一廣播詞演稿（為國民月會開始典禮）。面諭：應加入對淪陷區同胞之慰問激勉。又交下周公集傳，謂可照此校正付印。九時到辦公室辦發覆龍主席之電稿，以周公集傳付劍鋒校改之。九時四十五分訪文白，談本室舉行月會事。十時卅分舉行會報，決定例案四件。十二時散會歸寓，忽又感疲煩不可忍，草草進餐畢，登樓休息，乃百計不得入睡，服EVIPAN 一片，亦無效。四時強起，修改講稿，至六時完畢。閱六組情報八件、四組文電五件畢，懊恨惱怒不可復忍，頭痛又大作，遂未進晚餐。夜約胡醫官來診，斷為心力太弱。芷町來談。十時寢。

4月30日　星期四　陰晴　七十二度

九時十五分起。昨睡不酣暢，屢屢驚醒，今晨仍大感疲憊，四肢酸痛無力，起坐稍久頭痛不可止，遂決定休息一日不作事。十時卅分望弟以私函一束送余親閱，竟亦

不耐其煩，僅將周惺甫先生一函摘要轉呈而已。向午胡醫官再來診余病，謂終由本原不足，而強勉用腦過甚，積因十五、六年之久，欲以藥物之力，期速就痊，終不可得，目前唯一療法，唯有暫時謝絕一切，離開重慶，擇一較靜之地，屏除外緣，掃落繁思雜慮，坐臥游憩，一任己意，如是匝月或能有效。若以職務所羈，無法請假，則亦只有減少工作，一面自信並無不可癒之病，自寬自制，以作精神之療治，留藥二種而去。一為強健心臟機能，一為清理腸胃，皆僅治標而已。午餐不思食，小睡一小時許起，食麵一小碗。枯坐無聊之至，取王荊公傳一冊閱之。四時再睡，至六時醒，乃覺心境稍為怡適。今日星期會談遂亦不參加矣。夜仍讀書，至十時卅分寢。

4 月份之回溯

　　本月共三十天，工作最無足紀，僅撰擬序言、講詞、談話稿及長電各一件，修改講詞四件，並為蔣夫人複校論文「民族再生」若干首而已。自四月一日至十五日，為請假休息時期，對外概不出席會議，然例行各事仍每日處理。十六日以後，陳明銷假，似覺精神未全恢復，然頗能強勉支持。二十、二十一兩日，為室內同事不明大體，感覺憂憤不可遏止。經此刺激，睡眠飲食乃均大受影響，甚至服二片以上之安眠藥亦難得一夕之酣睡。故四月下旬病乃復劇，雖每日注射藥針，亦無絲毫效果。此病象頗似二十五年春及二十六年夏間之情形，

固由積弱不勝繁勞，實亦不能節制思慮，實行精神療養
之所致也。最可異者，為一切自信心喪失殆盡，常覺自
身愆尤叢積，缺點太多，無可以改進，胸中只覺已近衰
老期，即此一念，排之不去，乃大為健康之苦。

5月1日　星期一　晴　七十六度

　　七時卅分起。接第一組通報，定本日十時舉行本室國民月會，余雖覺倦怠，以其為第一次，亦勉力參加。十時在衛士隊講堂舉行典禮，由文白主任領導，並講解綱領，十一時散會。到辦公室補閱昨日文電。李秘書來談星期會談之情形，十二時歸寓午餐。餐畢，接委員長手諭，囑余可赴滇休養一個月，此正合余意，但就職務言，實覺無法遠離，甚感躊躇。傍晚，七弟來。夜芷町攜電稿來商，即閱定發出。實之來，未及接談也。十時四十分寢。

5月2日　星期二　陰　七十四度

　　晨七時卅分起。應召到官邸，委員長詢余病狀，問是否赴昆明，余不擬赴滇，遂簽擬至成都小住。退至辦公室，辦發覆唐孟瀟電，十時卅分到黃土坡訪周惺甫先生，以前月致唐之去電稿錄送備閱，談約四十分鐘而歸。十二時唯果來談，外部有約其擔任情報司長之意，而彼殊不願離侍從室。簽呈委員長請准允其去。午後小睡，心思又覺煩亂，因實無法覓得療養地點也。晚餐後整理書件，閱中央黨部社會部重擬推進工作方法。十一時就寢。

5月3日　星期三　晴　七十度

　　晨八時起。續閱中央各部會處之三月份實施表，四月份進度表。十時應召到官邸一轉即回寓。午餐畢，甫就睡，聞警報，一時十五分敵機廿六架分兩批來襲，在市區

投彈百餘枚，我機迎擊，燬其一架，三時許始向東飛去。
四時到官邸，承命記述要旨，囑中央日報補撰五三紀念
文。退至寓所，約滄波來談，將所記要點面與之。五時董
顯光君來談，為新聞檢查局新職事，十分鐘去。芷町來，
以中央黨部等件交彼辦發。夜閱中宣部編就之總裁言論
集，明日送還之。十一時卅分發。

5月4日　星期四　晴　七十二度

晨八時卅分起。唯果來談，委員長對王部長請調彼
任情報司有允可兼任之意，但彼殊不願分心職務云。十時
往見委員長，陳述此事，奉諭可商王部長另行物色。旋至
文白主任處小坐，閱滇來電，知志舟主席有致汪一函，擬
即發表云。十一時五分又傳敵機入川境，嗣知到梁山後即
回。四時許又聞警報，五時十五分竟被竄入，在繁勝市區
如七星崗、通遠門等處投彈數十枚，城內大火四起，幾於
無法撲救，六時五十分始解除警報。今晚本約惺甫先生晚
餐，以此作罷，然城內交通亦暫斷絕矣。夜芷、果二君先
後來談。十二時寢。

5月5日　星期五　陰晴　六十八度

昨夜睡已遲，至二時四十分睡眠方酣，而空襲警報
又作，至四時始解除，遂不能復睡。六時後朦朧小憩，八
時卅分始起。唯果來談卅分鐘，十時到黃土坡訪惺老，擬
偕其往游北溫泉，但彼不欲多所移動，云即將回滇也。張

西林廳長來出席生產會議，與之同寓，遂過一談。十二時
訪王部長亮疇，談情報司事，請其另行物色。午後小睡未
成眠，神經殊亢奮。今日渝市城內仍有若干處餘火未熄，
商民流離失所，老幼載道，委員長命以侍從室各車輛全部
出動救濟。五時往官邸，報告數事，奉交審查羅剛所撰之
文字。夜德哥來談甚久。十一時寢。

5月6日　星期六　陰晴　六十六度

晨七時卅分起。八時卅分應委員長約到官邸，交
下十六、七年日記各一冊，命余錄存。又口授關於倫理建
設、社會建設、經濟建設等之要義，命攜碚研究撰述。十
時回寓，唯果、芷町來談。十一時發警報，周惺甫先生來
訪，不及備午餐，餉以餅餌。至十二時五十分解除，乃與
同至官邸午餐。餐畢送之回寓。一時假寐，不能成眠。料
理積件，擬明、後日作北碚之行。五時委員長約往談，命
擬地方基層工作與五項建設之講稿提要，歸而參考各件，
專心撰作。中因芷町來就商，公事停止一小時，至十一時
始完畢。又修改召集四川教界人士之講稿兩件，就睡已一
時以後矣。

5月7日　星期日　晴　八十度

晨五時五十分醒。待理之事甚多，不能入睡。七時
起，複閱講演稿，並修正簽呈一件（為侍從室成立考核組
事），八時卅分到黨政訓練班，出席紀念週，委員長講基

層工作（縣以下組織關係）與三民主義程序表，言之唯恐
不詳盡，歷二小時始畢。十一時卅分偕芷町回寓，坐談半
小時，囑以行後各事。蓋余定明日赴北碚休養也。午餐
畢，方擬小睡，為窗下打石洞聲驚醒，遂起，不復睡，但
精神極疲倦。校正周公集傳，並訂正序文二篇，至六時始
完畢。到官邸謁委座，報告數事。夜訪惺甫以周公傳託攜
滇印行。作函十緘，整行裝。十二時寢。

5月8日　星期一　晴　七十八度

昨晚方擬就睡，而警報之笛大鳴，一時發緊急警
報，直至四時卅分始解除。黎明就寢，九時復醒，覺睡眠
不足，瞌眼再睡，比醒已一時十分矣。蓋此三日間用腦較
多，而睡時減少，故必須補足之也。草草進午餐，不能多
食。四時與委員長通電話，報告今日離渝，委員長似有所
命，繼乃曰汝去靜養可也。作函一緘，留交學素。至五時
由渝偕默動身，車行殊緩，約二時卅分始達碚寓。憐兒、
皚兒來迎，彼等已晚餐矣。陳清為汽車事與警察衝突。夜
閒談，十一時寢。

5月9日　星期二　晴　八十四度

八時五十分起。寓側掩蔽部沙包震坍，督役修補
之，較前更矮窄矣。竟日在寓，無所事，閱十六、十七兩
年日記，頗憶蔣先生當年所處環境之困苦，而終能積極自
負，以完成北伐，其毅力蓋任何人所弗及也。午後與默商

居處，意在縉雲山，取其靜寂。五時往訪盧子英區長，彼
亦以為山居較宜。北碚連日人心惶惶，有若干機關皆思他
遷，聞敵機曾來盤旋三次。談二十分鐘辭出，游三峽廠及
科學院，七時歸寓。晚餐後，子英來答訪，續商居處。
十一時寢。

5 月 10 日　星期三　陰　七十四度

　　八時卅分起。昨午夜大雷雨，今晨氣候轉涼，與昨
日相差約十度也。遣陳清到縉雲山上相居處，午後歸報，
謂漢藏教理院方面已允以太虛住屋暫借居住，又石華寺則
可攜眷同住。今日無事，取所攜之日記，親自抄寫之。上
下午各作二小時，乃僅抄四千八百字，可知謄寫工作之不
易，事非親歷不知難，此亦其一也。晚餐後，盧區長子英
偕陳督察長來訪。子英以縉雲山不便利，在二岩為余覓
屋，約明日往看。十一時寢。

5 月 11 日　星期四　晴　七十六度

　　七時卅分起。八時卅偕默同去二岩看屋，胡石青
同行，舟行一小時餘達二岩鎮，至聯保公所，訪周雨槎
主任，即子英所接洽房屋之屋主也。略談後，乘便輿登
坡，約行三里許（石級七百餘，路甚陡峻），始達周宅。
地址高曠，環境清幽，子英欲余全家移此，唯房主忽謂
有二室已允租出，只允讓租四室與余家及楊暢卿夫人同
住，遂未決定而歸。仍與石青乘原船到北碚，十二時

五十分到達。竺副官自渝來。午餐後與默君商議，決定不住二岩。申刻子英再來勸，並為索租其他二室，夜仍謝絕之。十二時寢。

5月12日　星期五　晴　七十四度

七時起。收拾行李，決定到縉雲山暫居。昨夜以函告子英，子英乃於百忙中來送，殊感且愧也。八時二十五分由北碚出發，竺副官同行，約行二小時，到漢藏教理院（即縉雲寺本部）。由院僧止安導往石華寺。石華寺距院約三里，地勢較低，但環境甚佳。寺僅大殿供佛，無僧寮，兩廊客舍均可招待游人，余住其右廂樓上三間。午刻承院中送來素席，院長法尊、教務主任法舫及葦舫諸法師先後來訪。午後作函數緘交竺副官帶渝。夜十時就寢。

5月13日　星期六　晴

五時醒，六時卅分起。補記兩日來日記，事畢，憑欄眺望久之。覺山中清靜，自與城市不同矣。聞重慶市昨日又遭空襲，傳說紛紛，有謂在磁器口及城內投彈者，有謂在江北投彈者，亦有謂昨晚延燒至半夜者，遙念不止。閱羅隱柔所著三民主義之原理上卷畢。此書體例與佛海所著者不同，其主旨在以民生史觀為中心，而說明三民主義之具有世界性與時代性，博引總理遺教以證之，亦頗具條貫。唯以民生四義中，社會的生存，統攝人民之生活（指經濟），群眾之生命（指民族），國民之生計（指政

治），似無甚根據。其駁斥唯物史觀，僅引證羅素之言，亦稍嫌薄弱也。十一時起，為蔣先生抄輯十六年日記，至下午四時卅分，僅錄三十五日。與允默出山門散步，擬尋往縉雲寺之徑，但山徑重複曲折，行至一里餘，不知前面之路，又無導者，至林場而折回。約行一小時抵寺門，聞遠處有沉重之聲十餘響，豈又有空襲歟。陶永標上山，帶來力子先生及憐兒各一函。燈下抄書三頁。十時就寢。

5月14日　星期日　陰

昨夜大雷雨，有狂風，今晨四時餘即醒，七時卅分起。繼續抄輯十六年日記之五月上半月，至十一時卅分共抄四千五百字，手倦暫停。午餐後小睡，三時起。四時赴縉雲寺，漢藏教理院，訪法尊、法舫、葦舫諸師。止安以小冊索題，法尊贈近著兩種，談四十分鐘辭出。參觀大殿講堂等一周。止安告我，寺原名相思寺，至明代改今名。五時四十分歸石華寺，省吾自渝至，攜來委員長函及芷、望等各函。夜閱西藏遊記，至十時就寢。

5月15日　星期一　晴

七時卅起。檢閱各冊日記，覺省吾一人不能抄竣，函調郭司書子猷來山同抄。致望弟、芷兄、力子各一函，又覆呈委員長一函。十一時著專人下山，送民德輪寄去。續閱日記各冊，多破損待修補者，以久置地下室，潮氣腐蝕，且浸水故也。午餐畢，止安送來佛籍五、六種，略談

而去。小睡甚久，醒即偕默出寺門，步行循山徑，越石級
二百級，過嶺，往縉雲寺前游眺久之。六時卅分回寺，途
中遇武進張君，石華寺之同寓也。夜無事，十一時寢。

5月16日　星期二　雨

　　七時卅分起。擬接渝寓諸人來寺居住，與允默商酌
各事，覺無比較妥善之策，意緒頗為煩亂。會天大雨，遂
暫中止。午餐畢，小睡亦未熟睡。三時起後，心緒較安，
閱法尊所著現代西藏一書，敘藏中政教風俗甚詳備，其論
班禪、達賴之關係及駐藏大員之不得入，皆前人所未及言
者也。閱藏密教理入門書數種，瀏覽而已，不得其義解。
夜閱廿五年日記，十時寢。

5月17日　星期三　雨、下午晴

　　八時十分起。閱國際周報第五十三期，論李唯諾夫
去職，謂係蘇俄欲緩和德國，故將放棄集體安全之論調。
以余視之，此當仍係一種外交姿態也。閱廿五、廿三年日
記，缺損之處無法修補。午餐後小睡，樓下匠作聲喧，不
能入睡，三時起，讀梁著管子傳。四時購得十五日報紙讀
之，在山中訊息阻滯甚矣。傍晚雨止天晴，與默外出散
步，約一小時而歸。待子猷不至，甚以為異。夜修補二十
年日記，未完。十一時就寢。

5月18日　星期四　晴

八時起。來山中後，睡眠仍不佳，中夜屢醒，清晨亦不安，但又疲倦不能遽起，唯食量漸增耳。午前補閱二十年日記，繼續修正一部分後，即接補二十一年之日記。近午郭司書子猷來此，攜來芷、望各一函，知處務如常，頓慰懷念。午後小睡五十分鐘起，修補二十一年日記，至六時一刻完畢。出外散步，約半小時而歸。夜修補二十二年之日記，缺損處，尚不多，追閱舊事，感慨無已。至十一時許，大體補完。即就寢。

5月19日　星期五　晴

七時十五分起。覆芷、望各一函。著人下山投郵。允張齡入訓練班三期。九時起，專心修補二十三年之日記，感蔣先生修德治學之勤，益仰其偉大。至午後一時始完畢，以精神尚佳，遂不作午睡。二時後著手修補二十四年之日記，缺損霉腐之處更多，有字影而不辨其字句，再四研究參詳，始得其大概，均另以白紙另繕，黏貼其上。至六時卅分，僅修畢該年之一月份而已。接唯果兄來函。與默外出散步一小時歸。夜覺疲倦，且燈昏，不作事。十時寢。

5月20日　星期六　晴

七時卅分起。為蔣先生整理民國二十四年之日記，浸漬剝蝕之處較以前各年更多，校對補正異常費力。自辰

至午，僅修補正、二月兩月份而已。接季鸞來函，言港事及與某君等談話事，覺其憂國至情溢於言表，答語亦非常爽快明朗，即為備函附呈。又以重慶方在厲行疏散公務員家屬，念兩兒依旦姨居彼處，終非善策，乃決定令彼等移來此間同住。作致望弟等函。午餐後方欲著陳清去接，忽聞車夫陳根榮不請假而擅自赴渝，置車于北碚，不顧汽車夫之職守何在。余用人每遇此等不識紀律之人，因大憤恨。天又酷熱，腦病又作，頻感刺痛。最後命陳清乘船往渝。小睡不成眠，起床再補正日記三月份，並閱四月份畢。偕默出外散步，七時歸寓。竺副官自渝來，攜來蔣先生函，並民十八年日記二冊，十九、廿六、廿七年各一冊。又民七至民十二各年日記六冊，及講稿等三篇，命分別錄存，並整理。如此浩繁工作，豈一個月所能了乎。夜繕覆函四件，擬電大兄（黃主席轉）及勉盧（為邀約孫兆梅等來渝擔任編纂，蔣先生之命也）各一電，函芷町拍發之。處理各件畢，手腕作痛，即就寢，十一時矣。

5月21日　星期日　陰

昨晚寫就各函，今晨交竺副官帶去，七時十分起。近日遷寓寺中者日多，喧煩殊甚。盥漱畢，閱三民主義體系程序之講演，覺紀述多脫漏處，尚待修正也。繼續修補二十四年之日記，四月份尚完全，五月以後多須修補，伏案工作至午，僅畢兩個月，進行緩極矣。午後二時小睡，四時醒，睡眠較酣。起後再補一個月。外出散步一小時，

晚餐後續補至十月份。「民七至十二」六冊，民十四、十五二冊均封固交竺副官攜渝保存，嗣得祖望函，知竺已交望保管矣。十一時寢。

5月22日　星期一　雨

七時卅分起。因最近兩日伏案工作之時間太多，腦筋又起不良之反應，氣候又轉為寒冷陰濕，大雨如注，山間霧氣充塞，慘而不舒，以此作事甚無精神。午前修補廿四年十一月份之日記，費三時之光陰而完畢。午餐後小睡一小時，繼續修補十二月份，至五時許完畢。以旦姨與兩兒即將上山，函漢藏教理院止安師商訂租賃房屋契約，未得覆，不知其意何如。夜讀管子，與默閒談。十時睡。

5月23日　星期二　雨

八時十分起。昨夜仍大雨，今晨猶不止。氣候陰冷如昨，服夾衣兩襲，內加羊毛內衣始暖，儼如初冬，不類始夏也。午餐前翻閱民十八、十九之舊日記，向午開始工作。整理對黨政訓練班二期學員之講稿「訓練實施綱要」十餘頁後，即午餐。餐畢小睡，乃極沉酣，至三時卅分始起。繼續校正講稿，七時後始畢事。全文二萬五千言，余為改正補充者亦一千五百字。夜續閱三民主義秩序表。十時就寢。

5月24日　星期三　晴

八時起。今日覺手痛目酸，精神疲倦，思續閱講稿，而心思散亂，不能集中。與允默出寺，往山下散步，雨後路濘，行未半里而止，坐松林下休憩。十一時旦文姨氏挈兩兒來山，遂相偕入寺，道別後情況，知德哥兄妹仍寓於我家，重慶疏散人口令未嚴厲執行也。午餐後小睡約二小時，起後仍覺腦筋散漫，不能工作。得芷町廿一日來函，甚欣慰。傍晚複閱毛澤東論新階段，共黨之辯才無礙，立語措辭，對內對外均似異常周匝，而又不失刺激性，然其不肯拋棄國際背景，決無補於國也。夜十時睡。

5月25日　星期四　晴

六時十分起。接縉雲寺轉來太虛法師自滇來函，殷殷致意，並詢大哥行止。卅年方外之交，甚感其不忘故舊。君木師所謂「阿師長不涉五尺，光氣籠照千緇流」者，今儼然國內之「大德」矣。當日少年意氣，同是不可一世，追憶無任感慨。七時後擬修改三民主義講稿，覺端緒紛繁，立論不易整嚴，參考各書稿甚費時力。閱季陶民生哲學系統及國民革命與中國國民黨，雖今昔不同，而理無二致。國民黨之正統理論，不偏於左，不偏於右，畢竟唯季陶為闡揚之能手也。又讀元冲論文，亦覺生氣勃勃，十年前事自不同矣。再閱佛海所著三民主義體系第一、二編完，時已近午，日光直射居室，光線太強，腦筋不堪刺激，乃暫休憩。午餐後，朱登中君自渝來，係奉調來此助

抄要件。接芷町、望弟函，並附來鐵城等函。希聖自港來
函，似有懸崖勒馬之意，然為時已晚，何從使其自拔乎。
小睡至三時起。著手修改三民主義體系及其實行程序，至
六時完畢四分之一。與允默攜兩兒往寺東散步，循山徑下
山，游覽所謂城門者，乃依山壁纍石為城，而築一門，以
為啟閉，門額鐫嘉慶戊午造。土人云，白蓮教匪時所為，
不知果何如也。回寓晚餐後，集中心思修改講稿，補充
三千餘言，十二時畢，憊甚，遂寢。

5 月 26 日　星期五　陰

六時三刻起。重慶專差來，賫到委員長手函，囑在
山靜養，督抄文件，俟病痊回渝，不必限定日期。並囑匯
款與季鸞。此外芷町、祖望亦均有來函，余遂將已閱定之
講稿兩篇交來人攜回，並致文伯、岳軍、士遠師、枕公、
芷町、可亭、祖望、自誠、國華各一函，另覆呈委員長一
函，至十時卅分繕完畢。從允默之勸，今日不作校閱工
作。午後小睡二小時，多奇夢，可知神經衰弱未復也。傍
晚偕旦文姨允默赴城門遊覽。閱梁著管子傳及管子本文。
夜以油燈昏暗，不能看書，十時即睡。

5 月 27 日　星期六　晴

七時起。昨睡仍多夢，心神不寧。盥洗畢，整理函
件。八時卅分法尊、法舫、葦舫諸師及謝鑄陳次長來寺，
略與寒暄。聞鑄陳亦將移寓此間也。九時起，續抄十六年

日記，五月份完，開始整理廿五年日記，以一月至六月脫漏破損太多，先從七月份起修補，允默亦相助工作，然浸漬脫落之處太多，竭力補綴，終不完全。午餐畢，小睡一小時起，繼續工作至六時，僅修補二個月十日。注射防疫針後出外散步，十五分鐘。夜十時就寢。

5月28日　星期日　晴

六時十五分起。致子英區長函，告山居近狀，並謝其介紹之盛意。致芷町一函（郵寄），告月底不能返渝。午前修補二十五年九、十月份之日記完。追憶三年前同赴粵省之情形，如在目前。彼時中日關係一觸即發，卒能轉危為安，未始非運用得宜之效也。午餐後小睡至二時半醒。繼續修補十一、十二兩月份，事愈繁而脫落不可辨認處愈難整理矣。至六時卅分完畢。晚餐後散步二十分鐘。夜閒談。十時卅分寢。

5月29日　星期一　晴

六時四十分起。登寺後文殊殿參觀，其所塑佛像，多與江浙所見者不同。早餐畢，繼續修補二十五年上半年日記，缺損處更多。自七時卅分至十一時卅分，僅修畢五月份一個月。下午以後心緒煩亂，遂暫置之。入山以來，精神稍佳，然同一工作繼續為之太久，則暫一合眼，滿目皆是文字之跡，以此知腦筋猶未強健也。午睡起後，天氣燠熱，讀文選頌贊書奏四卷，溫理舊書，亦殊有味。傍晚

散步，夜仍讀書。十一時寢。

5 月 30 日　星期二　陰、下午晴

七時起。接蕭自誠君來函，知委員長近日講演訓話極忙，空軍會議（廿四閉幕）畢後，亦未休息也。又接福芝甥女函，二十五日敵機襲重慶市區，因轟炸及機鎗掃射，死亡者甚多，銀行被炸者四、五家。本日上下午均繼續修補廿年份日記，上午修補六月份完，下午未作午睡，自一時至六時僅修補三月份之二十二天，工作進行艱滯極矣。藹士、佩箴兩先生自溫泉來訪。傍晚，散步一小時。夜十時寢。

5 月 31 日　星期三　雨

七時十分起。今日山上終日下雨，午後大雨如注，霧氣瀰漫，二、三丈不辨事物。氣候驟變寒冷，夾衣三襲不暖，與昨日相去當在二十度，稍一不慎即易感冒也。上下午均修補廿五年日記，上午修完三月份，下午未午睡，繼續工作，並邀默相助，自一時卅分至六時卅分修畢四月份，又繼續整理一、二兩月份，則十九為缺損殘破者，無法著手，僅修補二月最後五日而已。夜無事，為兩兒講書。九時卅分寢。

5 月份之回溯

本月共卅一天。委員長察知余體力疲憊，自動給假

一月，命移地療養，余甚躊躇。以處中人事複雜，僅每日
文書處理可託付芷町，必能勝任愉快。其他事務，不但無
人能為助理，且非余親自督率，即有不相協調之苦，甚至
各不負責。唯果又終日給事於委員長左右，且無名義，不
能為余盡力。故由職務觀點言之，除非余臥病，即萬無離
開之理也。唯委員長既有此好意，不能不尊重其意，遂於
八日離渝赴北碚。居碚寓四日，至十二日上縉雲山，寓石
華寺休養，地處幽僻，交通不便，每日蔬食，日間用白木
板桌辦事，夜則菜油燈，過極質樸之生活，然食量頓增，
心思亦漸趨簡定，每日散步一小時，洵非都市生活所能及
矣。本月雖在病假中，仍每日有文字修改或校訂工作，計
出席會議二次、審查工作報告三件、擬講詞概要一件、審
查小冊子一種、修改講稿四篇，其中一篇等於重撰。此外
並為委員長修補日記六冊，費時約兩星期。自問在此緊張
時期，閒居習靜，較之他人已為特殊待遇矣。

6月1日　星期四　雨

八時卅分起。山中氣候儼如初冬，陰雨終日不斷，竟可御棉衣矣。以昨睡不暢，今日神思鬱悶，腦筋疼痛，欲續完修補日記之工作，至一、二兩月破損特甚，對之輒覺心煩不得已，姑且置之。午餐後小睡，直至三時卅分醒。仍注射藥針，以睡眠已補足，向晚精神略佳。接望弟專人送來吳純如函及四弟函，又學素來函，報告各事，閱讀一遍，費兩小時。燈下寫覆信：陶、端升、岳軍、學素、芷町、皋兒。直至十時寢。

6月2日　星期五　雨

八時始起。近日天氣轉寒，晨醒後輒朦朧貪睡，以寺中方有興作，工人黎明即集，常為驚醒，致遲起又成習慣矣。改繕致希聖函，併昨晚所寫各函，均交唐錦山帶渝。十時後開始工作，繼續修補廿五年日記，將二月份各日摹擬補正重抄，以原稿實不堪補綴也。一月份僅五天，有一部份可以辨認，其餘只得從闕。今日決心補完，故廢止午睡，至六時始完畢。倩允默整訂成冊，為此一本日記，費卻七天光陰，既畢事，心中頗覺輕快。夜整書件。十時就寢。

6月3日　星期六　陰、下午雨

八時十五分起。補綴之事已畢，心地頓覺閒寬。惜以陰雨，不得出門遊覽，在寺中獨坐，取二十七年日記讀之，獲益匪尠。委員長之觀事，每較人深遠，而其愷悌忠厚，率循正道而行，更非常人所能幾及也。午後小睡至四時許始醒。近日嗜睡特甚，豈氣候關係歟？抑身體已漸恢復歟？第二次注射防疫針，全寓之僕役工人咸與焉。燈下讀文選，恍如髫年隨父兄讀書時之情景，不勝追慨。十一時就寢。

6月4日　星期日　雨

八時卅分起。第二次防疫注射於身體似有反應，自昨晚起，覺四肢疲軟無氣力，然體溫如常，未發熱也。續讀文選三卷，自念十二歲即已習漢魏六朝文字，若當時學習有恆，則根柢不致薄弱至此。舍家塾入學校，乃馳放於百科，而最後仍只以文字末技自效，一無成就，不其宜歟。閱鄧文儀著：領袖言行，大致不謬，然文字無剪裁，且每段作論斷之語，轉使效力減少，此固未易苛求也。夜作四弟及皓兒函。十時就寢。

6月5日　星期一　陰

八時起。山中事簡。心思轉覺散漫無所歸著。余之大病，即在不能太繁，亦不能太閒，此全由缺乏養性工夫所致也。為收拾放心計，乃繼續作繕寫工作。午前抄

二十六年六月份日記半個月，午後抄一週，腕力軟弱，寫字不能快捷，乃知病實未癒。午後子英區長由北碚上山來訪，慰問切至，其誠意可感。子英甚健談，述其區政設施與提倡自願入伍之經過甚詳，先後談二小時餘始別去。接芷函，又接專足送來祖望函，並附來友人函九緘。十時寢。

6 月 6 日　星期二　陰、下午晴

八時起。閱自誠寄來講演速記稿，覺甚不易改削。精神不佳，思緒拙滯異常，未及數頁，即復置之。在寺中頗感鬱鬱，向午出外游眺，至寺左三百步外，草坪上坐憩久之。念渝地同人不置。歸寓午餐後小睡至二時醒，始繼續工作。乃覺四肢酸痛，頭腦沉重，大有寒熱之象。六時許偕默外出散步，中途聞飛機聲，約三、四分鐘始掠過山後而寂。前行至嶺腳乃回。夜無事，閒談而已。十一時後入睡。

6 月 7 日　星期三　雨

八時起。今日精神仍疲頓，思慮煩亂，一切事又起悲觀。蓋匝月休養，效果如斯，安不得對病軀失望耶。九時後強自鎮定，取四月十七日黨政訓練班開學第二期訓詞修改之，至中午完畢。午餐後小睡未成，繼續工作。校改「科學的群眾時代」講稿。大意以現代為科學的時代，亦為群眾本位的時代，故應集體生活，從事群眾運動（廣義

的指一切黨政教工作），義意深晦，修改極費力，為補充二千言，至晚六時始完。遂覺週身無力矣。夜不作事，十時就寢。

6月8日　星期四　晴

八時起。複閱昨日改就之講演稿，重加修正清繕，對於科學的群眾時代之意義，雖未能言之愜當，亦可成立一種解說。至正午始完稿。午餐後小睡至二時廿分醒。讀舊稿。接唯果書，言寶澧將出任仰光總領事。三時後處理望弟寄來之函件，一一答覆。為預備七七紀念文字，擬具辦法，簽呈請示。又致季鸞一電，為步青致浩森次長一函。又為孫兆梅、王宇高來渝事簽請核示。覆望弟、芷兄各一函，以講稿寄自誠，均明日專人送去。六時休息，十時寢。

6月9日　星期五　陰晴

八時起。山中無書可讀，枯坐無聊，取篋中所攜毛詩讀之，上下午讀畢周南、召南、國風五卷。溫讀舊書，如重晤故人，亦可以收放心而忘憂患也。午後允默等往縉雲寺遊覽，余未同去，在寓整理書物，頓覺心境一清。蓋久未整理矣。接望弟專人送來一函，知四弟將回浙任浙大分校事，來電報告，其意似已決，即覆一電，明日託望拍發。七時敵機十二架過上空，隆隆之聲不絕者約十分鐘。聞北碚東園落一彈，渝市亦被襲。十一時寢。

6月10日　星期六　晴

八時起。閱國際週報第五十四期,聞仍係樊仲雲主編,內容精警,而立場亦嚴整,且選材料極有斟酌,無冗長枯燥之病。抗戰期間,出版界多拘泥時調,不脫所謂陣線論之範圍,此類刊物亦殊不可少也。整理五月下半月至今之日報,取有關材料剪貼而彙存之。續抄十六年日記半個月,以子猷瘧病不癒,登中技術拙滯,省吾亦久作感疲,原定十八日下山,恐又須延遲矣。國府已下令通緝汪精衛之命令,人不自愛有此結果,真為之可惜。謝鑄陳君昨日上山,同寓寺中,與談話久之。接皋兒二日來函,夜無事,十時卅分寢。

6月11日　星期日　晴

八時起。續抄十六年日記,七月份下半月,至午餐方畢,余之寫字速率乃不能過每小時八百字也。午後續抄同年八月份三星期。追憶十六年初次入京情況,不禁感慨係之。四時重慶專足回山,帶來望弟函及芷町兄詳函,又附下審查件二種。正在閱看,縉雲寺接電話,云有空襲,遂與默等散步山間,以暫避之。馬星樵、呂箸青、彭醇士、何敘甫等遊山過此投片相訪以適在工作僕人以病辭,至七時十分回寺晚餐,餐畢,閱殷作楨所撰總裁傳記稿。覺文筆尚生動,內容多誤。十時卅分就寢。

6月12日　星期一　晴

九時許始起。山居後每值晨興，即筋骨作痛不止，晏起成習，為之奈何。續抄十六年日記八月份完畢。十一時起審閱羅隱柔（剛）所著三民主義之原理——民生哲學總論之部，至下午六時許讀畢。此書序論之部分五章，前已閱讀，總論共十章，說明三民主義之原理為：（一）民本主義；（二）全民主義；（三）平等主義。又舉二大則：（一）人定勝天——征服自然；（二）互助。全書以民生史觀為骨幹，引總理之遺教充實之。其論民生史觀，則以總理之人性進化論為序引，獨於倫理哲學部分未多闡發，以為總理紹繼我國古文化，乃創造的繼承，非沿襲的繼承也。此書著者窮九閱月之力，覃思竭慮以成之，亦殊難得。然而改定為解釋三民主義之唯一理論，則未敢以為可耳。覆芷兄函（附送殷作楨之傳稿），又致望函、皋、泉、細各函畢，十一時就寢。

6月13日　星期二　晴、下午陰雪

八時卅分起。昨晚睡眠未熟，憂思難禁，甚以眷屬安頓不易為念也。繼續研究羅剛所著三民主義之原理，覺其以「社會的生存」解為人類生存，作為民生總義而統攝人民生活（經濟），國民生計（正義），群眾生命（民族）三目，其說終覺牽強無根據。又主張三民主義包含三原理：（一）民本主義，（二）全民主義，（三）平等主義。亦未妥適。民本主義四字，解說亦不易，且與全民主

義相混淆，此皆拘泥造作，未足以建立一種學理，其他疵
類亦尚不免也。午餐後小睡仍未成眠，神經緊張作痛，心
甚煩悶。午後續抄十六年日記九月上半月份，寫二千字，
即手腕作痛。夜服藥一片，九時卅分睡。

6月14日　星期三　陰

　　九時十五分起。榮寶澧秘書自渝上山來訪，攜來唯
果一函。寶澧奉派出國，任仰光總領事，將於週內成行，
特來辭別。計自二十六年冬入侍從室以來，先後已一年餘
矣。暢談一小時別去，不勝依依。客去後續抄十六年日記
九月份，至午完畢。午後小睡甚久，醒已四時。讀毛詩
卅餘首。今日督匠將屋脊檐瓦牆壁刷黑。五時偕默出外散
步，先至城門，繼折回過寺到猴子嶺下而回。接芷、望各
一函，報告空襲情形。夜訪謝鑄陳君談甚久。十時寢。

6月15日　星期四　陰

　　八時卅分起。謝鑄陳伉儷來訪，其第四子名寶貞
者，昨日上唇患無名腫毒，其母於黑夜冒大風雨送之下山
就醫，今乃知非瘡毒也。鑄陳之第三子耀楞極活潑可愛。
午前校閱登中所抄之事略自述，午餐後假眠起，繼續審
閱羅剛之著作。覺其「民本主義」之論說實為「人類本
位」，被以民本之名，實不妥也。傍晚讀毛詩，夜無事，
與默談家事，明、樂兩兒講述苦兒努力記之故事，默則手
書應戒惡習應修德目各十條以教之。十時卅分寢。

6月16日　星期五　陰、夜雨

八時卅分起。入山已三十五日，所事將畢，擬即返渝。函謝漢藏教理院法尊院長，捐國幣兩百金為院生膏火所需。另作一函謝知客師止安，以其殷勤可感也。並函謝太虛，託法尊轉寄昆明焉。十時重慶專足來，委員長諭轉送譚平山、段書貽及芷町特別費，以手條寄周署長，託祖望代為領發。並函芷町、唯果，均交原人帶去。午後小睡一小時許而醒。續抄十六年十月份之事略，自四時起至夜九時完畢。傍晚理髮，頓感頭部清爽，蓋一月餘不櫛沐矣。夜十時寢。

6月17日　星期六　陰

八時起。今日精神較舒爽。惜雨後不得出外遊覽，在寺抄錄十六年十一月份日記，皆記述遊東時事。午前抄錄完畢，午後續抄十二月份，至三時卅分完竣。全日抄寫約六千字，以七小時之力寫畢，腕上覺酸痛異常，乃知抄胥之不易為也。允默謂余撰擬文稿時亦曾一日寫七千言以上，未見疲勞如斯。或自撰則目不旁顧，而抄寫則視神經須兩日之故歟。傍晚重慶專足來，賫到文白、芷町、祖望各函，均勸余多住若干日，待痊癒回渝。良友之意可感。又接希聖函，自白決不附敵。夜十時卅分寢。

6月18日　星期日　陰雨、下午晴霽

八時四十分。終不能早起，奈何。照望弟來函，轉

述李敬齋所授之晨起運動法練習之，甚苦不得其法也。閱
二十六年日記之總錄，命登中將下半部七月後之每週反省
錄抄存之。近日省吾等均倦思歸矣。午後二時述庭兄自歇
馬場登山來訪，談各師友近狀及立法院最近工作與戰時教
育意見甚詳。約談二小時餘始別去。傍晚馬生積祚自北碚
來訪，彼頗有志於自營國貨運銷之事業，商余助成其事。
以其志甚堅，不欲阻抑，告以須請示作孚先生而行。以彼
自廿五年入民生公司，獲益不淺，義不可擅行也。夜十一
時十分寢。

6 月 19 日　星期一　陰晴

　　八時十五分起。為積祚作介紹函，命往見佩箴先生
於於溫泉。接憐兒來函，志願學習工科，擬入機械或化
工系，心許之。又接皋函，報告渝市空襲情狀，言將歸
省一次，彼不知余棲止無定也。十時張九如自北溫泉來
訪，商宣傳部承命撰擬之論文，欲就余定其內容。告以
總裁之初意，並雜談主義理論及出版政策良久而去。起
草羅剛所著「三民主義的原理」審查報告，陳述意見五
點，不欲吹求以貽反稽，然恐作者仍不能折服。近來黨
內同志研究之風氣極消沉，一二稍有用心者又不能虛衷
博採，蓋事有相因，不足怪也。傍晚覺胸膈不舒，外出
散步，繞城門及猴子洞一週歸，汗出乃瘥。夜覆皋函，
閒談至十時卅分寢。

6月20日　星期二　晴

八時卅分始起，早晨貪眠極矣。覆憐兒、皋兒各一函，又致大哥一函，均明日寄出。十一時十五分偕旦姨、允默攜兩兒往縉雲寺，應法尊院長招宴。參觀護國息災法會，佛像前種種莊嚴，皆與內地不同，蓋與藏俗相近矣。在雙柏精舍午膳，葦舫、北海兩師作陪。午餐畢，訪同學陶冶公於縉雲寺客舍。冶公學佛甚勤，方誦習大般若經之全部也。談四十分鐘而別。過嶺後，舍肩輿徒步歸。下午小睡極酣。傍晚甚熱，夜閒談，十時卅分寢。

6月21日　星期三　晴

八時卅分起。今日天氣悶熱異常，山中無寒暑表，想當在八十度以上也。重慶氣候必更燠熱不堪矣。以舊歷端午，故同寓人家咸籌備過節，謝宅以角黍餽余家，中午亦略備肴饌點綴節序。遙念家園，頻憶親故，不禁感慨係之。省吾等今日工作完畢，下午為之點檢，令每人在擔任抄錄之冊上署名於末頁，以明責任。計自十四日起，共抄存十四冊：（一）省吾抄民十七、廿一、廿三、廿六、廿七年各冊；（二）郭子猷抄民十八、二十、廿二、廿五各冊；（三）朱登中抄民十九、廿四年份二冊及手錄事略，與二十二至廿四年雜錄各一冊；而民十六年日記則余手抄者也。分裝八包：（一）十六——十九；（二）廿、廿一；（三）廿二、廿三；（四）廿四；（五）廿五；（六）廿六年份；（七）廿七年份；（八）事略及雜錄。封識後

裝入箱內，交省吾等明日攜渝，並准省吾、子猷休息假五
天。下午作致望弟、芷兄、國華各函，又覆文白主任函，
以景韓寄來十五年事略封交國華轉呈，並函顯光託代譯本
日雜誌諸論文，再將審查羅剛著作之意見繕正，並原著送
芷町轉呈閱，均明日帶渝。省吾等明晨行，余擬留至廿七
日始下山也。接皚兒、憐兒函，夜十一時寢。

6 月 22 日　星期四　雨

　　昨午夜後狂風四起，今晨天氣轉涼，旋即下雨。八
時二十分起床，接讀述庭兄來函，告公務員回避法訂入公
務員服務法之經過，並抄示原條文，徵余意見，以彼為起
草人之一也。向午雷雨更大，允默及旦文姨氏下山，往北
碚收拾物件，冒雨而往，其辛苦可念矣。趙子懋君偕其夫
人來山寺相訪，兩兒接待之，辭以余病，但余以其遠道來
山，遂與接見，談十五分鐘而別。下午無事，為兩兒述故
事，教以作人之法則。摘錄日記中格言及短著，存之於別
冊。夜未作事，十一時寢。

6 月 23 日　星期五　陰天、下午晴

　　八時十五分起。繼續摘抄格言及雜著，閱廿三、廿
四、廿五年之日記，敬仰蔣先生進德之猛，用心之苦，
與準備國防之艱難而堅忍，反覆循誦，不忍釋手。十一
時卅分羅隱柔君自歌樂山來訪，談其所著三民主之原
理，余以審閱後之所見五點告之，隱柔似未能悉心領略

也。午餐後續談建立理論基礎與從事基本宣傳之重要，彼頗有意辦一中心刊物，至二時卅分始別去。午後小睡。五時四十五分允默等自碚上山，攜來書件，夜閱回憶錄至十一時就寢。

6月24日　星期六　雨

　　晨九時許起。允默攜來余二十四年、二十五年之日記，閒居無事，一一翻閱之。如晤故人，如溫舊書，且藉以自驗體格修養與德業之進退，甚有益也。余記日記之習慣養成太遲，然二十四年偏歷川、滇、黔，所紀見聞較多。二十五年在杭休養時，記讀書較多。自抗戰以來，每日匆忙冗碌，所記最為潦草，僅記載每日起居工作情況而已。翻閱一遍，乃至深夜。其間以二十五年由杭銷假後一段為最苦悶，閱之甚感悵觸也。

6月25日　星期日　晴

　　八時起。今日為余上山後最苦痛之一天，默以余病體如此，長夏客居，極不放心，必欲偕去重慶，余實不欲其冒艱危，再四阻之。言語不達，致彼感傷萬狀。但余之心理苦痛，更非任何字面所能形容也。為排遣憂傷計，續抄蔣先生輯錄於日記中之格言，午前抄得二十頁。午後小睡不成，頭腦欲裂，忽憶宜趁此時機摘錄民十六後各年之大事，以備隨時檢考之用。自一時起，逐月抄存之，至夜八時，抄畢十六、十七兩年。疲極不可支，神經緊張，夜

未熟睡。

6月26日　星期一　陰晴

　　八時卅分起。昨夜重慶專人來山，帶到望弟來函及細兒、皓兒、季鸞、次行、西亞等各函。今晨作覆，並致芷町、國華各函，又託望匯皓款，交專人攜回，說明余將俟月底返渝也。十時起，接續抄錄摘要，至夜九時卅分抄畢十八、十九、二十，三年份，約萬五千字。手腕作痛，而腦筋亦脹暈矣。今日太虛法師自昆明雲棲寺致余函，抄示近作，並願余學張仲仁，心無罣礙，則必氣體充健也。錄其滇池泛舟觀月絕句：

　　　山盡碧欲天連，月出紅如日落；
　　　扁舟劃破空明，何處一聲孤鶴。
　　　十時卅分寢。

6月27日　星期二　雨

　　連日又失眠，晨醒極早，至八時起。心繫抄件，必欲早日摘完之。自九時起，連續摘抄廿一、廿二、廿三、廿四及二十五年，至晚八時摘至二十五年六月份止，約寫一萬八千餘字，寢食卻廢，草草進餐而已。夜謝鑄陳君過談汪案之法律手續，謂檢察官早應自動發動檢察權，如民初滬法院之票傳趙秉鈞故事，以律為固定的，不必問政治理由也。又與余談變亂時期修養心性方法，謂佛法所謂能度一切苦厄者，非佛能度人，貴人能起信。起信則無佈

畏，則自度矣。傾談甚久去。十一時就寢。

6月28日　星期三　陰

　　八時卅分起。今日天氣仍極涼爽，繼續摘抄日記，上午抄畢二十五年份，下午再續抄二年，至傍晚完畢。自二十五日下午起，抄寫不輟，先後四日，約寫八萬餘字，潦草不可辨認，亦僅記載十二年間之大事。如全會日期等等，其他不便盡載，亦非必要。蓋余僅欲藉此為考查之用而已。寫畢，腕幾脫。允默謂余以一日光陰作兩日事，宜其疲也。傍晚憐兒自北碚來，知碚寓已租賃與畢、褚兩姓居住。夜與諸兒談故事，心思轉趨閒定，不若前數日之忙迫，惟覺指痛及頸項右側發痛耳。夜作書謝盧區長，寄國幣二百元，捐贈北碚救濟特別費。以余家寓北碚一年，宜略盡住民之義務。與默談話，決定卅日下山。此次上山四十餘日，腸胃病癒十之六、七，腦病癒大半。山上氣候甚佳，涼爽而不潮濕。此兩月間，聞重慶常在九十度以上，此間平均僅七十五、六度，處此清涼世界，實亦難得之勝緣也。然非蔣先生體恤病軀，亦不能得此休息；非芷町為我負責處理文電，更不能安心山居如此之久。今將下山矣，最畏暑期，況在重慶，願身體加強，且當以精神力量自忘疲勞以度此炎夏也。十一時就寢。

6月29日　星期四　晴

　　八時起。整理物件，決定明日下山回渝。十一時

張文白兄偕張君靜愚來遊山，過寺相訪。晤談極歡。文白謂余既決計回渝，則暑期內可來往渝、碚間，因重慶天氣實非弱體所能堪，如能住過九月，則下山作事必精神充沛矣。惜乎職務上不許可耳。十二時子英區長亦來送行，勸余家住家畜保育所，均午餐後去。午後檢點自碚攜來之書篋，整理廿四、五年文件，夜訪鑄陳話別。十一時寢。

6 月 30 日　星期五　陰晴

七時起。七時卅分到由肩輿動身，九時到北碚，子英來送行，即換車回渝。十二時五十分到達，覺公路修理後平坦多矣。午餐後聞敵機襲萬縣，二時五十分解除警報。小睡起，往官邸謁委員長，談十五分鐘。往訪王侍衛長，晤慶祥，談甚久。訪張主任未晤，即過國華室小坐。旋至辦公室，芷町攜文稿來談，甚久，並晤學素。七時晚餐，夜唐乃健組長及化之均來談，各一小時。唯果、寶澧來談良久。十二時洗澡就睡。

6 月份之回溯

本月全月在縉雲山養疴，全為休息期間，僅修補廿四、五年日記，並抄繕十六年日記完畢。又修改講稿二篇，審閱羅剛所著「三民主義之原理──民生哲學」三冊，並起草審查報告，此外無他工作可紀也。山居頗思讀書，然為雜務所間，不能靜心閱讀，殊覺辜負此一段

清淨生活。惟身體方面似覺略有進步，精神較凝定，而
睡眠亦不需藥物幫助，每日除陰雨天外，必在山間作一
小時之散步，加以注射藥劑，故心力體力不復如前之疲
憊矣。此月中反省修養之時間較多，深覺以往工作重點
實有先後顛倒之錯誤，此後擬將文書處理事項多多委託
所屬人員，而以餘力從事於理論思想之探討，以期稍副
委員長之期望。惜行年漸長，腦力益衰，又基礎太薄，
即欲補充，已恐無濟於事耳。月終始返渝銷假，蓋離職
五十有二天云。

7月1日　星期六　陰晴

　　晨七時起（昨晚睡眠不佳）。校閱告友邦書，不及詳改，遂付複寫。八時到侍從室第三次國民月會，由余主席，並講演精神總動員之意義，與精神改建五綱目各別之解釋，說明其並無重複之點，約卅分鐘畢。退至辦公室，與文白商談人事處之職權劃分及以後一、二處承辦人事電令之手續，研究約半小時，再與平遠、芷町等談。十時往訪岳軍，晤朱蘭蓀（綏光），彼新任蒙政指導副長官，即將北上也。十一時到官邸，委員長有所詢問，並商談告全國軍民書，囑余重擬。一時委員長約中央常委會諸委員午餐，到鄒、馮、丁、孔、李君佩、王勵齋、何、稚及騮先、立夫等。二時餐畢，與騮先略談，即歸寓小睡，僅二十五分鐘即起。開先來談香港情形。六時公展來詳商發表紀念文字手續，子纓參事來談共商告友邦書內容，芷町攜來要件五件閱定之。八時晚餐，委員長約往談，命另擬致全國將士電，詳告要點。歸寓後王芃生來商告日本國民書甚久。客去後，修改對淪陷地區民眾廣播詞，又修潤告友邦書，時已十二時，摘錄委座口述要點後就寢。蓋已一時矣。

7月2日　星期日　陰

　　七時起。以昨日談話過多，夜間睡眠不暢，鎮日覺神疲頭痛。準備改擬告全國軍民書之材料。客來多未接見。上午平玖甥女來，與皋兒談話，決定明日送之上

山。整理允默之書篋，並作渝二號函，覆公展一函。中
午芩西兄來談甚久，張肇元亦來談甚久。午後小睡未入
眠。果夫來談人事處組織之經過及職權範圍等事，約一
小時。九妹、細兒來。四時古秘書、李秘書來，與李談
告友邦書之翻譯。夜枕公來訪。客去後與皋、細談話。
十二時卅分寢。

7月3日　星期一　陰

七時起。上午起草告全國軍民書，心思不能集中，
至九時後始得開始工作，中間因實之弟來談，停頓卅分
鐘，至午後二時始完稿，最後段則用胡秋原君之原文
也。小睡十五分鐘，接撰慰勉前方部隊通電稿，凡二時
卅分完畢。既成自視，尚能一氣呵成，然連續用腦八小
時，大感疲困矣。工作既畢，過德哥處小坐。夜間擬約
公展談話未果。今日僅楚公來訪談四十分鐘而已。待芃
生稿不至，與學素談別後情形。十一時寢。

7月4日　星期二　晴

七時起。本擬多睡片刻，神經興奮，不能合眼也。
告全國軍民書昨夜呈上後，今晨交下重改。並諭在致前方
通電中加入兩段，正工作間，芃生攜譯稿來訪，相與研究
告敵國民眾書，再將字面修潤，以期連貫統一，芃生即在
余處校改譯文，至午後四時始去。五時到浮圖關謁委座，
奉命再修改告敵國民眾書，即以修正之電稿呈請核定，並

將告軍民書留呈核閱。歸寓後仍趕閱各稿，同茲來談，辟塵亦來談。夜熱甚，核電稿三件。十一時就寢。

7月5日　星期三　晴

七時起。今日自朝至暮仍繼續為紀念日各種書告之修改與再修改工作，午前複閱告日本民眾書，加入精神制勝一段。十時後修改告戰地民眾廣播演詞，因委員長認為冗長，故由四千六百字節短至三千二百字，並與中央社及王芃生君商酌改正告日本民眾書。午餐後未休息，核改慰問陣亡將士電稿，芷町所起草也。實之來商中央應否發表告黨員書，並送來滄波所擬之初稿，託其轉達朱秘書長，似可密發訓令，不必見報。午後四時到浮圖關，奉命將廣播詞再縮短三分一。晚餐後芷町來談，九時將廣播稿著手刪改為二千一百字，又在告日民書內再加入一段。十二時發警報，敵機三批來襲。三時卅分寢。

7月6日　星期四　晴　九十二度

七時起。將昨改成稿複閱後，八時到官邸面呈核定。九時卅分歸寓，與曾虛白君談發表國外電訊事，並將告日民書與告軍民書各為摘列要點，至十一時卅分完畢。午餐後小睡三刻鐘。一時廣播詞核定發下，即交清繕。自誠來談，至此，各件均改擬完畢，然已忙碌五日之久矣。四時雷雨，到德哥處小坐歸，羅志希兄來談約

一小時去。平遠來談豫省事。傍晚甚熱，接皋、細各一
函。晚餐後與實之、望弟閒談，讀后山詩。洗澡後就
寢，已十時。

7月7日　星期五　陰晴

昨晚睡後，十二時發警報，敵機三批來襲，三時解
除後始再就睡。以精神疲倦，睡至九時四十五分始起。
對淪陷區民眾廣播詞（昨晚廣播灌音），又奉諭再修改
一段，於午刻完成。即交繕分寄中央社與政治部分別發
表，並就地翻印散發。午後小睡至四時，睡眠補足，精
神遂覺恢復矣。蔣夫人寄示告友邦書英譯稿，其安排次
第甚見苦心，將原文之語意統統包括無遺矣。五時到二
處辦公室，擬覆林主席電（芷町起草），並核閱要件
三、四件。六時謁委員長，七時歸寓。知力子先生來
訪，適相左也。夜溯中兄來詳談一小時。十時卅分寢。

7月8日　星期六　陰雨　七十八度

八時起。審閱本室訓練綱要及舉行會議辦法。九時
卅分往訪文白主任，商定之。十時出席第卅一次會報，
十一時卅分完畢。核發文電四件。十二時到官邸，接待賓
客。一時舉行星期會談，二時卅分餐畢，向委員長報告數
事後，即與唯果同歸美專街寓所，談第一戰區與漢中行營
事。小睡一小時餘，批閱五、六兩月報銷，發渝三號家
書。七弟來談。晚餐後閱公文五件。芷町來談甚久。十時

卅分寢。

7月9日　星期日　陰　七十六度

七時起。八時到國府出席北伐誓師十三週年紀念會，總裁親臨主席，稚暉先生作報告約四十分鐘畢。奉命研究吳先生之講演稿，略加修正，即歸寓。滄波來長談。十時參加總裁在軍委會之招待茶會，到三百餘人，于、馮、吳均有演說。十一時卅分與實之同車歸寓。午後小睡，乃覺頭痛。閱三日來之情報消息。四時果夫來談。五時偕文白於其寓。六時到官邸，奉交下羅剛著作，並談蕭秘書、張秘書工作問題，又命籌備月刊。出至辦公室，核文電四件。夜撰擬茶會新聞稿。唯果、寶澧二兄來談甚久。十時卅分後就寢。

7月10日　星期一　晴　八十四度

七時卅分起。處理兩週來私人函件二十五件。向午李士珍教育長來談警官學校概況，旋開先來談。正午佩箴先生來談農行近事，即留共午餐，一時後始去。午後小睡一小時。發渝四號家書。並研究壽勉成君關於推進合作事業之意見。傍晚悶熱甚，精神頗煩倦，大約在八十七、八度之間。晚餐後洪瑞釗（君勉）君來談本黨理論及現時工作之重點甚久。旋枕公來談。客去後審閱組織部實施報告一件。覆王撫五校長電，為房屋事。十二時卅分寢。

7月11日　星期二　晴　九十三度

七時起。閱新民族雜誌合訂本。近日思慮散漫不寧，思以讀書收斂之。八時杭立武君來談。九時蕭秘書來談。九時四十分鄒韜奮來談生活書店事，並歷述其擁護中央出於真誠云云。所談甚冗長，余正言告以須有事實表現，且必須改正觀念也。午餐後小睡未成，接王宇高等七日來電，張彝鼎來談將赴五原就八戰區副司令官職。言旬日內動身。傍晚核閱文電約十餘件，閱情報十二件，與芷町談卅分鐘。夜葛武棨君來訪，談幹訓第四團事，約一小時許而去。今夜熱甚，十一時寢。

7月12日　星期三　晴　九十四度

七時起。今日氣候較昨更為悶熱，連日睡眠未暢，精神竟日困倦，不能用心工作。殊以為苦。閱中央社消息，知汪在上海竟大作詆毀抗戰廣播，如此倒行逆施，洵禍國之尤者矣。擬覆羅剛電稿一件，閱辭修部長所擬對於共黨處置之方針及辦法一件。核辦情報十件，閱已批辦之情報表卅件。傍晚擬謁委員長，適力子先生來談，遂未果往。晚餐後，芷町來談甚久，又唯果亦來談，自誠來報告工作情況。夜熱甚，閱講演錄。十二時寢。

7月13日　星期四　晴　九十五度

七時起。八時卅分到官邸謁委員長，報告五事。出與雪艇主任談創設月刊事，旋至辦公室辦發文電三件，即

往戰地黨政委員會訪力子先生，並至旬樵組長室內稍坐。
旋往訪董顯光副部長，承導觀國際宣傳處各部，深佩其布
置分配井井有序也。午刻唯果來談，匆匆即去。午餐後熱
甚，小睡未入眠。閱任覺五君所著之書三種，純駁互見。
傍晚批發去文及電二十餘件，核四組文件卅餘。夜熱甚，
靜坐至十一時寢。

7 月 14 日　星期五　陰　八十七度

九起時。今晨大雨，氣候較涼，連日少睡至此乃得
補足之也。十時力子先生來談，十一時杭立武君來談，
又唯果來談昨日召集訓育幹事在官邸談話之情形。枕琴
先生來訪，談劉百川事、外匯英磅事。午餐後再睡一小
時餘，精神似較昨為佳。閱情報等多件，傍晚開先兄來
談滬上情形，約一小時。古達程君來商洽用人員事。晚
餐畢，驪先來談甚久。核閱四組文電十六件、六組情報
二十件。十一時寢。

7 月 15 日　星期六　晴　九十度

七時卅分起。致景韓、鶴皋、復恆各一函。九時開
先來談，彼將於今日離渝他行。修改第七分校畢業訓詞及
武岡分校訓詞各一篇。十一時到辦公室，閱本日到文。芷
町今日請假赴北碚。十二時到官邸舉行會談，到梁均默等
多人。甘、陳諸君對外交及財政均有詳細報告。二時餐畢
歸寓。岑西兄來談約一小時，遂未及午睡。近來睡眠時間

大感不足矣。傍晚往謁委員長，交下十二、十四兩年日記之抄本。七時應文白約往其寓晚餐，飲酒而醉。九時卅分歸，十一時就寢。

7月16日　星期日　晴　九十一度

七時卅分起。今日天氣熱悶，週身感覺為熱潤之氣所困擾，流汗不可止，擬出外訪友，以此遂不果。十時許皖財長章乃器來談，約一小時而去。觀其所談，在皖治績，不能不認為有辦法之能吏，然矜張之氣未除，反黨之念甚熾，宜其受本黨同志之厭惡也。正午積祚來談，午後渠卿甥來談。小睡片刻，熱甚，未入睡。招應厚苐來談工作問題，擬囑其協助古秘書。下午發渝五號家書，校閱情報約卅件。夜與望長談，十一時睡。

7月17日　星期一　陰晴　九十度

七時卅分起。上週精神散漫，工作未能及時完結，自今日起宜改正之。陳凌雲來談，留交戰後經濟計劃一份。九時到三民主義青年團中央黨部開全體幹事會議，討論案件五案，分交三組審查。由朱代書記長報告一年來工作概況，十一時五十分散會。回寓一轉，即至官邸，招待賓客午餐，到胡毅生、林雲陔、李君佩、劉季生等七人。二時卅分餐畢返寓，致法尊法師一函。並研究委員長批示陳誠部長所擬對付異黨之件，即晚寄發。七時到團部會餐，委員長有極剴切之演說。九時餐畢，與雪艇談話後歸

寓。核辦文電廿五件，與芷町談至十二時卅分寢。

7月18日　星期二　陰晴　八十八度

七時五十分起。九時到官邸謁委員長，呈人事件三件（加李秘書津貼、張齡晉升一級、派應厚莘為四組書記），即奉核准。並對團務有所指示。歸寓後致康處長兆民一函，與唯果通電話。今日委員長見何柏丞、吳任滄，未往接待也。午餐後小睡約一小時起，草基督教青年會五十週年祝詞一件，即送夫人代核。又閱呈吳先生談話稿一件。傍晚唯果來談甚久，旋芷町來，核閱本日文電約十五、六件。夜九時到官邸謁蔣夫人，談約一小時歸。溯中來訪，略談即去。核閱情報二十四、五件畢，洗澡就寢，已十一時卅分矣。

7月19日　星期三　晴　九十二度

七時卅分起。整理文件，覆私函數緘。九時出席青年團全體幹事會議第二次會，討論審查案三件，通過修正團章及中央幹事會組織條例等，十一時五十分散會。包華國、陳介生兩君留談甚久，十二時卅分始歸寓。委員長命再審閱吳先生談話稿。午餐後小睡至三時十分醒。李秘書唯果來談甚久。四時出席青年團全團幹事會續會，通過工作報告審查案後，團長訓示今後辦理方針，講演約一小時，至六時卅分散會。歸寓後核閱四組及六組文電四十餘件。夜古秘書、蕭秘書先後來談。熱甚，不得睡，約二時

許始入眠。

7月20日　星期四　陰晴　九十度

七時卅分起。昨晚殊未睡足，晨起極勉強。核閱文件四、五種，改定入團誓詞稿一件。十時渡江謁委員長，十一時二十分到達官邸。承命商酌文字，並詢問近日工作情形，即留午餐。餐畢，攜文電各一件及手諭五緘回，與國華談今後呈公事之辦法。二時卅分渡江回寓。今日上午侍從室會報未及出席。覺疲乏異常，小睡補足之。四時崔唯吾君來談，約四十分鐘去。七時晚餐畢，果夫來談，約一小時餘。芷町來談，介紹彼與果夫相晤。夜仍悶熱，呼水洗澡後作函三緘。唯果來談良久去。十一時卅分寢。

7月21日　星期五　晴、夜雷雨

七時十五分起。九時唯果來談，核閱情報十餘件後，雪艇主任及子纓參事來訪，略談即偕赴對岸。十一時十分始到達，研究法幣跌價之對策，並討論關於英日天津談判事甚久。午餐後斟酌更改覆羅總統函（羅於四月十八日有來函覆三‧二五去函），稿由王、張分擬中英文，四時偕同渡江，委員長亦渡江出席行營之會議。余疲甚歸寓小睡。六時芷町攜文電約二十餘件來，承命批閱辦理之。晚餐竟不思進食矣。夜訪亮疇部長請拍發電報，又發表新聞電，否認財政當局將易人之謠傳。顯光、虛白兩君來談。直至十二時始寢。

7 月 22 日　星期六　晴、中午雨　九十度

七時起。作七號家書，並整理雜件。今日精神略疲，工作進行殊緩慢。九時卅分到辦公室，十時舉行侍從室聯合會報。到雪艇、文白、果夫及羅郚子、劉則之、鄒斆公及余七人，商定本會報之性質、會期等項，並決定本室官兵訓練綱要，第三處即人事處得分別舉行，與文白主任商酌後派學素籌備本室區黨部。十二時十分會畢，返寓，有雨約一小時止，氣候稍涼。午餐後小睡一小時。三時約公展兄來談宣傳事，決定中央社限制發表參考消息之辦法。夜學素來談，核四組公事十八件、六組情報十二件。芷町來談甚久。十一時寢。

7 月 23 日　星期日　晴、有陰雲　九十一度

七時卅分起。閱情報六件，並辦理積擱之件四件。季鸞來函，論英在遠東地位之危險，即抄呈之。九時卅分渡江，往謁委員長，報告英日天津談判發展之經過。委員長擬明日對外交與金融事項作一項重要講演，口授要點，命即準備綱要。十一時孔、何、白及亮疇、岳軍、雪艇先後渡江來會，余在旁室整理講詞綱要，約一小時完稿。午餐畢，與孔、張、王、王四君初步商酌，岳軍先行，余與亮、雪同渡江歸。疲甚略睡至六時卅分起。芷町攜文電十六件及訓詞稿兩件來，均即核定之。夜起草講演詞，極費斟酌。十時始成。

7月24日　星期一　晴　九十四度

六時五十分起。七時卅分到官邸，以講演初稿呈核。八時到國民政府參加紀念週，總裁主席，訓話歷一小時而畢，以初稿複寫交董副部長後仍回官邸。奉諭再將講稿整理，即回辦公室修改之。接電話四次，均係商酌講詞內容者。至十一時卅分寫就，面呈改定。十二時卅分回寓午餐畢，又奉諭再修改，三時謄正再送往親核。晤王外長，知英國已公布天津談判之聲明書矣。四時五十分始獲最後定稿，即至國際宣傳處接洽照改。歸寓小憩。六時有警報，敵機二十餘架襲入，投彈多枚。九時卅分始晚餐，唯果來談甚久。十一時寢。

7月25日　星期二　晴　九十二度

七時五十分起。閱中央社參考消息，知英國對日妥協，引起美國不滿，而德意似含嫉意，其為一種宣傳之煙幕歟。與望弟外出巡視被炸地點，並至國際宣傳處小坐而歸。十時蕭化之、李士珍兩君來談，化之將就學於樂山，為指示求學之途徑。覆岳軍函，為謝慧生國葬事。午後一時岑西兄來談，三時學素來談籌備本室區黨部各事。委員長交下改定致羅氏電稿，閱後即函寄雪艇。四時岑兄別去，為化之作介紹函，分寄馬一浮、王撫五。又起草侍從室聯合會報規則，核閱四組文件十二件、六組文件八件。夜寫寄家書。十時卅分寢。

7月26日　星期三　陰　八十度

七時卅分起。今日天陰氣候突轉涼爽。閱情報十六件。十時往謁委員長，與雪艇同進見，談對英對美外交及法幣問題，致羅函稿奉最後核定。退至辦公室，辦發文電三件。到文白兄辦公室小坐，談豫省府改組問題。與世和兄談警衛事。十二時歸寓午餐。午後力子先生來談甚久。四時雪艇來談，囑繕寫函稿。傍晚更涼，閱四組文件十二件、六組文件十件。晚餐後往訪岳軍先生，以戰史及自反錄各一冊送請保存。十時唯果來談，十二時寢。

7月27日　星期四　雨　七十七度

七時卅分起。昨夜與唯果談話時背窗而坐，風雨中受涼太久，以致今日有寒熱，且喉痛不止。初猶不以為意，及九時乃覺不能支坐，測體溫過三十七度，神疲而頭痛，乃臥床小憩久之。十二時仍強起進餐，雖食而無味也。今日陰雨，涼甚，本可補作未完之件，然竟患病，不能不休息，殊可謂不幸矣。委員長來電話，以靜臥中未往接談。胡醫來診，謂有濕熱，處方而去。晚餐食粥二小碗，芷町攜文件十一件來，核定之。九時唐乃建組長來談情報組織。客去與望談，即寢。

7月28日　星期五　陰雨　七十八度

七時卅分起。熱度已退，但頭腦尚隱隱作痛，幸喉痛已止，想無大患矣。十時以電話與委員長接談，奉諭

至外交部取昨日發 *News Chronicle* 之文稿。時適大雨，車
夫又不悉路徑，覓小道以達部舍。與王外長談話，知僅
有英文稿，不及譯中文，遂攜歸親自翻譯之。約五十分
鐘畢，即派專人送對岸，並以致羅總統函附呈核簽焉。
午餐畢小睡。馬生積祚來談國貨運銷公司將成，以股款
交之。核閱情報十二件。夜何育京君來談。閱四組件七
件。十一時寢。

7月29日　星期六　晴　八十四度

　　七時卅分起。準備外交消息之報告。九時卅分到辦
公室，鄒競、劉則之二君來談。十時謁委座，奉諭改正函
稿，再交清繕。十時舉行聯合會報，到十六人，委員長親
自主席訓話。達卅分鐘。各主任均有簡略之工作報告，
十一時三刻完畢。十二時卅分舉行星期會談，到李璜、黃
任之等二十一人。三時餐畢，仍侍談半小時，與雪艇商發
表對美談話事。四時再謁委員長，簽定函稿，即親送王外
長收存，備明日攜往也。五時歸寓，天漸熱，覺甚疲。接
默廿七日來函。夜芷町來長談，十一時寢。

7月30日　星期日　晴　七十九度

　　七時卅分。接對岸電話，委員長命備電本各三冊，
寄顏、胡，即囑機要室編發。九時起草致適之、光甫電。
十一時完稿，即繕清寄呈核閱。又審查中央黨部六月份工
作實施表，至十二時卅分始進午餐。皋兒今日自北碚來，

談家事及皓事。午後小睡至三時起。改正再告全國士紳，推行精神動員，協助地方政府，整頓稅捐，奠立自治基礎書。六時卅分晚餐。芷町來送核文件九件。夜羅隱柔君來談一小時，商所著書之內容。閱第六組情報七件。唯果來談。十一時卅分寢。

7月31日　星期一　晴　八十九度

七時卅分起。今日中央警官學校行畢業式，校中約參加觀禮，未及前往也。為陳凌雲君審閱所擬抗戰二期救濟工作計畫草案，覺有不盡適合事實處，書所見以告知。寄顏、胡之密電本，封固交希曾攜港，託宋存轉。午後皋兒去北碚，寄九號家書。天氣轉悶熱。四時蔣夫人約談，囑擬講演詞。六時、八時兩謁委員長，對改革金融事有所詢問。八時廿五分，敵機十八架襲渝，擬發林主席、錢新之各一件，就寢已一時矣。

7月份之回溯

本月下山銷假，精神漸復。惟積件擱壓甚多，均待處理，以致工作上不免有渴蹶忙亂之象。七月七日以前，準備抗戰二週年紀念文字，自撰者二篇，修改者一篇，幾於目不暇洽，幸均能及時趕就。無所耽誤。自十日以後，文字工作較少，會客及參加會議與接洽事項較多，幸精神尚健，雖在酷暑之中，不感如何勞疲。上山五十日之休養不無功效也。本月抗戰形勢：軍事上較沉

寂；外交方面以英國對天津事件談判態度軟化，一時頗
引起憂憤；經濟方面，則自十六、七平準委員會停售外
匯後，法幣比價日落，至月終尚未有好轉景象；而汪逆
倡和禍國之謀，益見猖獗；委員長憂勤特甚，余等均未
能襄助，殊堪愧疚。綜計一月之中，身心健適之日居
多，腸胃之疾霍然大癒，惟睡眠受天氣酷熱影響，每晚
只能入睡五、六小時。又以人事上小有波折，足使人不
快耳。讀書工作無可紀，唯涉覽雜誌數種而已。

8月1日　星期二　晴　九十度

七時起。八時參加國民月會，張主任主席並講演，九時散會。回辦公室，閱文電及批表，與文白兄擬定加倍名單，請委員長圈選區黨執委。結果以鄒競、唐縱、李唯果、羅時實、蕭自誠五人當選。十一時歸寓，為委員長約往談半小時。閱情報各件後，代擬婦女慰勞總會二週紀念講演詞，蔣夫人所囑。十二時卅分午餐，餐畢小睡，至三時醒。審閱異黨問題處理辦法（何總長所呈）。七時卅分到外交賓館應君勱約晚餐，即開民族文化學院董事會，被推為董事長。十一時廿分歸寓，閱第六組情報。十二時卅分寢。

8月2日　星期三　晴　八十九度

七時卅分起。處理私人函件五件，九時卅分到辦公室。十時偕岳軍、雪艇同見委員長，商健全戰時金融機構辦法。雪艇建議數項，委員長允詳酌，談一小時始畢。與雪艇偕至辦公室小坐，商致國外電報之措詞，並與芷町商洽公文數件。午餐畢，略睡。三時卅分朱新民君來談，囑譯俄文來函一段。客去後擬致胡、郭、顧大使各一電，又覆國外某君電（由楊使轉）。核四組公文十五件、六組公文十三件。夜孟海來談甚久。十時卅分警報，敵機十八架襲渝，一時卅分始解除。就睡已二時餘矣。

8月3日　星期四　晴　九十一度

　　九時起。昨睡太遲，實感不足，遂不及出席國防最高委員會。聞本日通過金融案，電詢岳軍秘書長，得知其大略。接港函一緘，並閱南華日報論文，是真狂吠不擇音矣。接李幼椿君來函，述川大事，黨見之不易化除，真堪嘆息。十一時往訪張君勱，商民族文化學院事。君勱留與詳談政治及教育，至一時始歸寓午餐。午後睡至四時始醒。審閱何總長呈件，簽註意見，又譯述港報呈閱。核辦四組文件九件、六組文件十一件。夜改正電稿，十一時卅分寢。二時敵機十八架襲渝，四時卅分解除。

8月4日　星期五　晴　九十二度

　　昨睡已將拂曉，九時四十五分起。閱情報若干件後，張彝鼎君來訪，言日內赴五原，請發電碼一本。杭立武君來談羅傑士所言對於幣制改革之意見，並呈一函。十一時彭浩徐君來，對憲警方面注意，似不無悒悒。十二時卅分午餐，餐畢小睡，至三時卅分起。為蔣夫人撰兒童保育會年報序言一篇，六時卅分完畢。七時到辦公室，八時赴文白主任家，舉行侍從室事務會報，並敍餐。十時始歸。覺疲甚，即就寢。未入睡而聞敵機又來襲，十二時發出警報，敵機兩隊先後侵入，四時寢。

8月5日　星期六　晴　九十三度

　　八時起。以季鸞來函寄呈委員長。九時到辦公室，

旋訪文白，談本室各事。十時在一〇一號舉行聯合會報，委員長來親臨，由文白主席，第二組第七、八、九、十組各提出報告，王侍衛長亦有報告，十二時散。與唯果商文字，委員長約見，命準備八一三告民眾書。十二時卅分舉行星期會談，到川康視察團莫柳忱、奚倫、王進信、姚仲良及參事等約二十人。討論英日談判及日德義軍事同盟之可能性。二時餐畢，歸寓。閱情報多件，立夫兄來寓，導視山洞，談一小時去。小睡至四時。溯中兄來訪，六時芷町來晚餐，核文電十二件，與唯果談，十一時寢。

8月6日　星期日　晴　九十五度

七時起。盥洗後再休憩四十分鐘，蓋睡眠殊未足，而天氣奇熱不可耐也。閱林語堂著新中國之誕生一冊，又閱中國新青年之路。十時卅分滄波來訪暢談甚久，午餐後始去。滄波規我以多接待賓客，謂於聯絡情誼，溝通情感，均有必要，其言亦殊有理，然余孤寂成性，酬酢過繁，實畏苦之也。午後小睡一小時卅分。天氣更熱，余室內九十六度。閱團員須知，僅及半卷，即不能續看矣。六時晚餐，閱六組情報十二件、四組文電十四件。與望弟談話。十一時寢。

8月7日　星期一　晴　九十六度

七時起。清晨即覺奇熱不可忍。八時到國府參加聯合紀念週，到四百餘人，委員長訓話，對中樞精神之弛頹

與工作之延緩多無所告誡，歷一小時餘始畢，語意沉痛。
至謂：「如此情形，若非革命責在身，余亦不得不灰心
矣」。與岳軍、楚傖談話後歸寓。十一時應召往談，以本
黨如此不振，所國事將何託為言，知憂悶深矣。午餐後雪
艇來商對外發表談事，轉呈季鸞及甘介侯來函。續接家
書，閱國際週報及戰史初稿。夜核閱四組文電十件、審查
報告二件，又情報十一件。十一時寢。

8月8日　星期二　晴　九十五度

七時起。昨晚熱甚，未入睡，且有齒痛，強起準備
文字材料，而頭腦暈重，不得已於九時後再就床休憩。至
十一時卅分，覺稍癒，然熱甚不能工作，僅閱覽書報及情
報而已。讀日本外交時報對汪與戰局之評論五篇，又閱外
部刊物二種。午後四時鄭彥棻君來談反侵略會事，並談對
于青年團團務之意見，其見解精確可佩。傍晚更熱，且無
風，閱四組、六組情報各十餘件，芷町、乃建兩組長先後
來談，十二時寢。

8月9日　星期三　晴　九十三度

七時起。今日天氣稍涼，但精神仍未恢復。閱情
報十二件，處理私函五件。十時楚公來訪，與偕往中四
路謁稚暉先生，相約過江，赴委員長午餐之約。十一時
五十分到達官邸，會談今後抗戰局勢及應付汪精衛之辦
法。楚公擬就方案，委員長即為閱定之。一時卅分午

餐，與蔣夫人談卅分鐘，彼意欲余發起一女子寫作協
會，而擔任指導，余婉謝之。三時渡江歸，與雪艇商約
見參政員事。承辦手令五件，閱四組、六組公文各十餘
件。自誠來函，十一時卅分寢。

8月10日　星期四　晴　九十二度

七時卅分起。覺頭腦暈重，蓋昨晚睡眠又不足也。
接皋兒來函，報告已就江蘇醫學院事。閱再告全國士紳
書，酌改數語。至十時，覺精神不支，腦痛欲裂，就枕
小憩，始獲小癒，未往午餐。委員會來電話三次，指示
八一三告上海民眾書之內容。二時校閱訓練委員會「領
袖的認識」初稿，陳述意見三點，即以原件寄還。五時
後著手起草八一三告滬同胞書，中間學素來，中輟半小
時，至夜十時卅分脫稿，長約三千五百言。十一時五十
分寢。

8月11日　星期五　晴　九十四度

七時卅分起。以昨日擬就之告滬民眾書繕正稿送
呈核閱，複校一遍，殊多覺不能滿意。抗戰書告本國人
心理喜聞激昂單調之音，與歐美人之崇尚平實者不同，
使執筆者最感支絀之苦，想必有多人與余有同感也。八
時卅分委員長約往談，承命發電二通。今日聞四川師長
彭漢章等七人有請求撤換王主席之電，事前經人勸阻無
效，委員長甚不怡。十時約賀元清主任來談，賀退後告

余謂：奉派赴蓉調查真相後再定，蓋此事甚難處置，須
寬以時日也。學素、自誠來談。十二時歸寓午餐，午後
會客四人。發表告士紳書。夜核閱四、六組公文各十餘
件，與唯果商文字。十一時寢。

8月12日　星期六　晴、傍晚雨　九十二度

七時卅分起。昨呈核之稿已奉發下，命再補充一
段，又略有修改處，乃重為整理之。今日聯合會報因之不
能出席。至十時卅分修改脫稿，攜往軍委會呈閱，適約會
賓客，乃在客廳小坐，與來賓左舜生、王宏實、張韓之等
周旋久之。一時見客完畢，宴參政員及川康視察團，余亦
參加午餐。聽視察團團長李璜、組長高惜冰、黃任之、奚
倫、褚慧僧等報告甚詳。三時餐畢，候委員長談話。四時
將核定之稿攜歸，即交發表。其時疲熱煩倦，幸雷雨如
注，天氣轉涼。七時芷町、唯果來談，核閱文件十八件、
情報八件。九時往訪枕公略談即歸。十一時卅分寢。

8月13日　星期日　陰、下午晴　八十六度

七時卅分起。機要室送來電報四件，分別處理，
並以電話請示。奉諭，彭漢章等來電可原電退還，又
諭代擬斥汪宣傳要點（下午又奉諭暫緩發，以粵將領已
發通電，不必重發也）。十一時杭立武君來訪，商對於
英方引渡天津四嫌疑犯事對英使之表示。以電話請示決
定，囑杭轉達。午後小睡，接吳稚公函，為民誼事即覆

之。讀各報所登八一三紀念文字，渝市各報自五月上旬
聯合出版以來，今日乃恢復單獨出版也。六時卅分芷町
來商核本日文電十八件，簽審查意見一件。閱六組情報
後，十一時卅分寢。

8月14日　星期一　晴　八十六度

　　八時起。委員長約往談，與杭立武君同往進見，報
告為津案與英代辦談話經過。適王外長在座，討論滬法租
界之特別法院問題。九時回寓，閱情報多件。十一時雪艇
來談。委員長因程錫庚案有人來自首，擬電卡爾大使轉行
交涉緩交天津四嫌疑犯事，雪艇、亮疇均以為不甚妥。中
午唯果來談甚久。囑其搜集尼赫魯之材料。午後小睡起，
何方理君來詳談法國顧問之生活。傍晚閱王宇高等之著
作，筆墨不俗，見聞未廣，地圍之也。閱四、六組公事
畢，十二時寢。

8月15日　星期二　晴　八十八度

　　七時卅分起。今日天氣又轉燥熱，甚覺煩鬱不耐。
修改講稿，至中途不能續成，遂中輟焉。午力子先生來
談黨務委員會及戰地黨政會事，對外間評其見解太偏，
殊為不平。實則力子雖不無表示偏宕之處，亦有所激而
然也。午餐後再談卅分鐘始去。小睡醒，閱情報多件。
五時到岳軍家賀其女在美結婚，參加茶會，晤熟友甚
多。與雨岩、禮卿、道藩、淬廉及錢、張二夫人談，七

時茶會畢，偕志希仇儷返美專街寓，留同晚餐。季陸自
成都來，亦與焉。晚餐畢，已九時，與季陸談川事。核
閱四、六組文電各十餘件。枕琴先生來訪，談卅分鐘
去。洗澡就寢已十一時矣。

8月16日　星期三　晴　九十二度

七時卅分起。作渝十二號（B）家書，命陶永標明日
寄去。閱蓉電三件及港電一件，以原電呈閱。川軍各師長
聯電要求換王主席，自賀主任元靖到後，已無調動軍隊之
舉，恐此事仍在醞釀中也。向午忽覺頸項疼痛甚烈。錢君
乙藜來詳談其資源委員會之工作，滔滔不已，危坐聽之，
甚覺痛苦。客去後小睡一小時餘，二時略進小食。午後仍
極疲頓，然電話頻來不止，不能休息，欲修改文字，而心
思不能集中。傍晚芷町攜來文件十一件，核定之。晚餐
畢，溯中來談甚久。客去，覺有發熱症象，就枕休憩，但
熱甚，不能睡，十二時始入睡。

8月17日　星期四　陰　八十七度

七時卅分起。改定委員長接受反侵略總會贈旗答詞
稿，分繕送去。改芷町之文最費心力，以為須留若干部
分，俾其不灰心也。十時雪艇、博生先後來電話，商酌港
方消息如何發表。蓋有青年二人祝宗樑、袁漢俊函港督、
英使，自承為刺程錫庚之人，阻天津四人之引渡。即以電
話請示委員長。一時雪艇來談，以電話告孔院長，囑正式

否認發行新貨幣之謠言。四時到王外長官舍,與雪艇、亮疇商酌如何發表消息事,談四十分鐘,以電話報告委員長,並至宣傳部與公展接洽後歸寓。薛農山來,未晤也。閱呈文電十四件。夜委員長電囑起草致鄧晉康長電,直至二時卅分完稿,始寢。

8月18日　星期五　晴　八十八度

七時卅分起。昨晚睡太遲,又失眠,精神極不佳。近來繁思雜慮多極矣。複閱昨晚所擬電稿,再加修潤。十時唯果來談,十二時許到官邸,與周惺甫先生談縣政計畫委員會。今日提早舉行星期會談,參加者十九人,以公權等宴拉西曼故未到也。席間由芃生、博生報告日本五相會議及日本政情,並討論引渡四嫌疑犯事。聞今日英國司法方面已核准人身保護狀矣。三時會畢,偕季陸謁委員長,談成都事。三時卅分回寓,乃大感疲憊,臥床小憩,至六時醒。閱四、六組文電等各十餘件。苓西來訪,未及接晤也。夜芷町來談,細兒、九妹來。十時卅分寢。

8月19日　星期六　晴　九十一度

七時卅分起。九時到辦公室,與學素談話。芷町攜呈表一件來,知孫震、楊森均有來電聲明未與川中七師長事。十時舉行聯合會報,果夫、雪艇未出席,今日為第三次,余主席,各組報告後決議二案。十時卅分聞有敵機數十架西行襲川。散會後與劉、羅等略談即歸寓。至下午三

時始解除警報，聞嘉定被炸。以長途話與季陸在成都通話。四時荷君兄來談，言不日仍返滬，並談滬上諸親友近況。六時核閱四組文電九件、六組情報十餘件。夜與望弟及聖章談編纂股事。十一時寢。

8月20日　星期日　晴　九十一度

七時起，仍感睡眠不足。近日夜間常苦熱，每至二時許始能安眠，甚以為苦。接譚伯羽來電，報告德國軍事家觀察戰事爆發在即，德國準備在三日內有軍事行動可能云。閱時代精神雜誌，頗有佳文。十時卅分時事新報主筆薛農山來訪，談編輯方針甚久。午餐後自誠來談印發小冊子之辦法。思小睡竟不得，四時後始合眼睡一小時。魏時珍、李幼椿兩君來訪，談一小時而去。六時卅分晚餐，核四組文電十二件、六組件十件。唐組長乃建來談頗久。十一時就寢。

8月21日　星期一　晴　九十三度

七時起。今日天氣驟熱，精神極不振，頭腦昏悶煩眩。十時李士珍君來談，強起酬對，約四十分鐘，忽覺頸項僂麻窒斯大發，以松節油擦洗，亦無大效。仰臥偃息，將頸項平置枕上，痛始少減。午刻泉兒自嘉定來渝，不見一年餘矣。詢其近況，並問來信稀少之原因，談一小時心始大慰。此兒怯弱成性，然質地尚樸厚，見解亦不差。午後小睡約兩小時，精神稍復，而天氣更熱悶，不能作事，

閱書報而已。六時芷町攜文電十餘件來，即為處理之。
十一時唯果來談對法宣傳事。十一時四十分寢。

8月22日　星期二　晴　九十四度

七時卅分起。今日天氣更燠悶，終日無風，室內在
九十三度以上，幾不能工作，且因睡眠不良，致齒痛大
作，而頸項亦未全痊，甚以為苦。十時卅分往訪王芃生
君，旋往誠實山莊訪季鸞，談港地情形，及外交宣傳各
事，約一小時始歸。聞德俄決締不侵犯條約，昨日甫宣布
商約，今有此消息，頗驚其暗中進行之神速也。委員長命
購舊書數種，囑祖望、省吾等覓購，竟不可得，至晚始購
借就緒。午後杭立武君來談使館界情形，改擬對法國廣播
詞一件。傍晚熱悶更甚，閱四組文件十五件、六組情報十
件。夜孟海來談甚久。客去後與泉兒、細兒談話。至十一
時卅分就寢。

8月23日　星期三　晴　九十四度

七時卅分起。今日天氣更熱，余室內絲毫無風，甚
覺疲倦，而燠悶幾不能作事矣。十時到辦公室一轉，十一
時偕楚傖先生謁委員長，略談即歸。雷渭南次長過訪，談
各機關辦事迂緩而不相聯繫，謂宜暫停五院分立之職權，
一切以統帥部轉令行之。午餐後休息兩小時。四時到辦公
室閱四組文電十餘件。五時偕季鸞謁委員長。六時歸寓，
徐則驤君來訪。七時有空襲警報，敵機廿七架襲渝，在郊

外投彈，九時十五分解除。熱甚，十一時就寢。

8月24日　星期四　晴　九十六度

七時卅分起。今日為舊曆處署節，相傳四川天氣以處署為最熱，故晨起即燥熱異常，午後三時竟達九十八度以上也。王宇高、孫詒、袁為常三君自貴州循公路來此，談約卅分鐘，對其名義與工作，擬謁委員長後商定之。騮先秘書長來談甚久，對外交、軍事及黨務均有所談。十二時到文白主任處小坐，商定區分部指導員名單等。午後辟塵來談，其真率處殊可喜。小睡至四時醒。聞德蘇不侵犯協定已簽字矣。夜處理四組文電六件、六組情報十二件。十一時寢。

8月25日　星期五　晴　九十五度

七時起。唯果來談關於準備接見尼赫魯事，並搜集必要材料，十時到辦公室，約張秘書來談，旋囑學素來談本室特別黨部之籌備事。十二時舉行星期會談，討論歐局形勢甚久。今日除常例出席諸人外，並有張藎忱、孫仿魯二君，會餐至二時卅分會談完畢。詠霓、立夫兩兄到余室談話久之。四時歸寓，略事休憩，核閱六組情報十四件，晚餐後批辦四組文電十二件。核定講稿、訓詞各一件。陳克成、袁業裕兩君來談甚久。夜與九妹、泉、細談家事。十二時寢。

8月26日　星期六　晴　九十五度

七時卅分起。玲妹、細兒已回校，泉亦赴縉雲山矣。九時季鸞來談約四十分鐘，對歐局變化甚為關懷。九時卅分偕王、袁、孫三君往官邸謁見委員長。十時卅分到張主任處，舉行乙種聯合會報，雪艇未出席，僅與果夫、文白二主任談話接洽而已。十一時散會，約果夫到辦公室，談中政校事，十二時委員長招待尼赫魯，同席者二十一人，賓主各有祝勉之詞，二時卅分始散。歸寓小憩。五時應召至官邸，陪繆雲台、陸子安二君談話。承命研究滇金融外匯各事，約徐可亭次長來談。夜又奉命擬談話稿。閱四組、六組文件各十餘件畢，十時約芷町來寓核發胡、顧大使電稿，並口授要點，囑芷町擬致龍主席電。十一時卅分寢。

8月27日　星期日　晴　九十二度

七時起。起草關於國際形勢之談話稿，並改定芷町所擬之致龍雲稿。十一時到求精中學，約雪艇同過江，亮疇外長亦同行赴對岸。十二時到官邸（岳軍秘書長亦參加），會談今後外交並研究歐局演變與敵人採取步驟之可能性。十二時四十分午餐，餐畢以談話稿及電稿呈核。三時偕諸君渡江歸，思草擬通電，覺疲甚，不克動筆。五時薛農山君來訪，談十分鐘而去。夜核閱四、六組文各十件，閱呈國外電四件。芷町、乃建先後來談，至十一時後始去。十二時寢。

8月28日　星期一　晴　九十一度

七時卅分起。接委員長電話，以談話（論國際形勢及抗戰前途）稿再送核。九時起草通電稿，致各戰區及各省主席，說明國際形勢劇變，只與暴日不利，而決無害於我，勗以專心抗戰，勿觀望於變化迷眩之跡象，而稍分其心志。蓋革命無因利乘便之可能，唯有平平實實，以不變而馭至變。十二時完稿，即送對岸呈核。午後小睡一小時，閱情職，知平沼內閣決辭職，將以阿部信行組閣，宇垣系將再恢復其勢力。敵之外交動向必妥協英美無疑矣。五時慕尹來談，近以某事獲譴，今日始蒙寬宥也。洗澡理髮後，覺甚涼快。閱四組、六組文件，發談話稿畢。九時卅分敵機襲渝，十二時解除警報，即睡。

8月29日　星期二　晴　九十度

七時卅分起。與唯果在電話中研究外交動向，談卅分鐘。擬簽呈一件，請任王宇高等為編纂員。閱情報多件。歐洲戰事似尚有緩和之一線希望，然德與英法戰意均極濃，未可測也。接冰如函，論外交。午刻雷雨十餘分鐘，天氣稍涼。讀民族詩壇第十二期所選詩詞，太無標準，可見作者之少，而新進者稀也。盧冀野之中興鼓吹，效蘇辛體，才情洋溢，意氣豪邁，故自可喜。夜核閱四組公事，約二小時始畢。雨後天氣悶熱，入夜更甚。今日精神不振，十一時卅分寢。

8月30日　星期三　晴　九十二度

　　七時卅分起。接委員長電話，命接洽致胡使電稿事。九時約雪艇同往訪王外長於官邸，商酌文字後攜往國防最高委員會呈核。經委員長酌易數字後，仍送交王外長，以外交部名義拍發。大致以德蘇互不侵犯協定訂立後，我方亟欲知美方態度，並極盼美方做到兩點：（一）請美切告英法兩國勿誤認日本力量足以安定並保障遠東之屬地，實際上唯中國獨立強盛乃能保障英法在東方之屬地。又聞英法與日本間將妥協合作，意在造成集團控制蘇聯壓迫中國，果若此，中國即認英法為非友誼行為。（二）蘇俄本意在除去西顧之憂，而與各關係國家共同應付東方局勢，但不便向英法發動，若美能促成英法蘇在遠東合作，實深符蘇聯之期望，而大有俾於時局云云。此電稿今日上午即拍出。十一時回寓，閱情報，並研究參事室之外交方略說帖。午後小睡至三時卅分起，精神似已恢復。四時往張家花園訪李幼椿、魏時珍兩君，談國際形勢。五時偕至官邸謁委員長，談卅分鐘。即至辦公室核閱四組文電。七時歸晚餐，閱六組情報十件。十一時發空襲警報，十二時十五分敵機又襲渝郊，四時始解除。即寢。

8月31日　星期四　晴、熱甚　九十五度

　　八時起。昨只睡三小時餘，但天明即醒，未能再睡。起而閱報，知歐局張弛不定，和平之望未絕。日本以阿部信行組閣，閣僚多二、三等人物，大抵又為過渡性質

之內閣，可知其對外政策難以遽定，故外相暫由首相兼任，仍將觀望形勢也。今日殊昏悶，天氣酷熱，幾不能作事，殊以為苦。午後小睡，亦只靜憩一小時，而汗流不可止矣。傍晚閱四組文件十二件，代批公事七件，閱六組情報十一件。九時儲安平君來談，報告余關於滄波私人之一消息，聞之駭異，甚為不快也。十一時卅分寢。

8 月份之回溯

　　本月共三十一日，余之工作最無足紀，僅起草八一三告滬民眾書及答詞與播音稿告一件、擬國內外電稿四件，並為蔣夫人代擬文字二件而已。其餘核改審查之件僅六、七件，參加集會約十次，而應做未做之件則在十件以上。蓋天氣炎熱，睡眠減少，又以內外情勢急劇變化，故心情不能寧謐，此亦一大原因也。月終反省，深覺工作效率尚不及七月份之緊張，而私人友朋之酬酢通問更百事俱廢，精神意趣異常頹散，德業日退，彌自愧惕矣。此月中，前方戰事比較沉寂，惟內部整理金融尚未決定辦法，一般對行政方面之煩言日滋。四川各師長十一日忽有聯名請求撤換主席之舉。國外則蘇德締結互不侵犯協定，英法大受刺激。德軍決心侵波，而日本內閣亦於此時更迭。汪系逆謀更趨積極，一般對國內外情勢不免有迷眩莫測之感。惟我統帥則樞機在握，鎮靜如恆，每日工作十二小時以外，仍不廢閱讀研究與規劃訓練之事，其修養洵非吾儕所能望其萬一也。

9月1日　星期五　晴　九十六度

七時卅分起。即至曾家岩參加侍從室國民月會。八時開會，余主席，講演國際形勢與吾人之決心，並抽定馬參謀、李司書演講，八時五十分會畢。與文白主任略談後即至青年團中央團部，參加常務幹事監察聯席會議，團長親臨主持，通過團部人選及今後辦理團務方針等案。十一時會畢返寓，閱情報。十二時參加星期會談，今日到者特多，計二十七人，討論國際形勢甚詳，三時始散。約滄波來談，竭力勸其奮發自愛，善葆令譽，談約一小時餘而別。小睡起，燠熱更甚。月四組、六組文電各二十件。十時卅分聞敵機向西來襲，十一時發警報，然敵機未入市空。在梁山等地投彈而去，二時五十分解除。三時卅分就寢。

9月2日　星期六　晴　九十七度

八時十八分起。昨晚僅睡四小時，甚感睡眠不足，然晨間已無法再入睡矣。九時卅分驪先來談，十時雪艇來談，偕同過江。十一時到官邸，會談歐戰發生後之局勢，蓋德國已於昨日進攻波蘭境內也。到何總長、孔院長、王外長及岳軍等，談論約三小時。午餐後委員長作極明確之指示，囑亮疇、雪艇、岳軍研究。三時卅分偕諸君渡江歸。氣候悶熱不可耐，滄波再來談一小時，公展來商宣傳方針，今日精神更頹放，心思散亂不整，室內熱甚，椅座如灼，不能作事。六時卅分晚餐畢，閱四組文電十餘件、

六組十件，以熱甚，直至十一時後睡。

9月3日　星期日　晴　九十七度

七時卅分起。歐局日緊，英法已下總動員令，和平希望全絕矣。閱敵人廣播，意得志滿溢于言表。與雪艇在電話中交換所得消息。十時趙子懋來訪，談十餘分鐘而去。薛農山君來訪，未接晤。今日尼赫魯回印度，委員長贈以照片。午後小睡一小時，作渝十六號家書，即寄發，並附婉清來函。又覆謝伯允函，與澤永甥談工作注意點。五時卅分張君勱來談民族文化學院事。六時卅分到辦公室，核辦四組文件。七時到王外長家晚餐，到敬、岳、騮、楚、雪等諸人，會談外交方針。顯光來言，英已宣戰，義亦準備參加矣。十時回辦公室，發電二件。十一時敵機襲川，三時十分解除警報。四時寢。

9月4日　星期一　晴　九十七度

八時起。睡眠不足，而天氣酷熱更甚。弱軀至此，真覺不能支持矣。閱情報十餘件，辦發慰唁王禮錫、朱惺公家屬之電稿。閱譚伯羽電，知德國內部人心渙散，陸軍人員亦有離心者。向午竺藕舫君來談一小時餘。午餐後小睡僅四十分鐘，以多夢而醒。室內鬱熱，汗出如沸。核呈情報數件，改定訓詞二首。六時到辦公室核閱四組文電十一件，與唯果接洽參政會事。七時到孔宅，陪餞尼赫魯。到何、張、朱、葉、王外長、王雪艇、董

顯光等數人，散席後會談外交形勢，至十時卅分畢。即
歸寓，就寢。

9月5日　星期二　晴　九十四度

七時卅分起。奉電約過江。十時偕岳軍、子纓到碼
頭乘渡輪，待雪艇多時未到，乃先行。十一時十分到達官
邸，王外長已先在。途遇美大使詹森，蓋清晨往見也。
十二時雪艇亦至，會談對于歐局之意見。委員長有重要指
示。午後三時仍回渝寓，上午稍涼，至是又轉燠熱。小睡
不成眠。四時約唯果來談，商定四屆參政會開幕詞之內
容，囑唯果攜回起草。六時卅分晚餐畢，核辦四組、六組
文件，十一時卅分寢。

9月6日　星期三　晴　九十三度

七時十五分起。天氣稍涼，然精神未復，匝月來之
炎燠，既將精力消蝕殆盡矣。竺藕舫君來談浙大事，然馬
蔭良君自港來，談滬上輿論界情形及申報近況，約一小時
許乃去。歐局形勢如昨，德軍無甚進展，唯日本對東方將
迫令英法退出滬漢。奉委員長命，擬對外關係之文稿，構
思甚久，未得隻字。四時唯果攜開幕詞來寓，為之斟酌修
改，約費三小時，至八時卅分晚餐。閱四組文件，與芷
町、唯果談甚久。泉兒來渝，十一時卅分寢。

9月7日　星期四　晴　九十二度

七時卅分起。校閱昨晚所擬之開幕詞，略加刪節。十時到辦公室，核閱情報文件各十餘件，聞川事又有曲折，以來電四件遞呈。唐乃建組長來談第六組工作分配及學素事。十一時卅分到官邸陪客，今日宴參政員，到伯苓、仲仁、一山、允彝、孟和、鈞儒、端升、陽初、振聲等十八人。與雪艇商定開幕詞，呈核。三時會餐畢，回寓，疲甚，服阿特靈一片，睡至六時醒。皋兒自碚來此。夜力子、滄波來談甚久。閱四組文件十件，十一時就寢。

9月8日　星期五　晴　九十三度

七時卅分起。今日本室區黨部開成立會（隸軍委會特黨部為第二區黨部），以委員長約往談，故未及參加。承命改擬參政會開會詞，歸寓後即根據面授要點撰擬。以天時燠熱，神疲腦痛，幾不能集中心思，至午僅成一小段。午餐後略睡至三時醒。繼續撰擬至六時完稿，約三千二百言，終不能簡短，殊以為憾也。夜自誠、芷町先後來談。閱四組文件十二件、六組情報十一件。與文白通電話，談近事甚久。十一時卅分寢。

9月9日　星期六　晴　九十四度

七時卅分起。與泉兒等談家事，並處理私人函扎，閱情報及民意週刊。今日本為乙種聯合會報之期，以國民參政會開會，故停止舉行。十一時枕琴先生來訪，談卅分

鐘去。午刻熱甚，覺頭暈不堪久坐，草草進餐畢，就枕小
憩，竟至沉睡，夢魘久之。醒後極疲乏。委員長約往談，
交下外交文件，命斟酌文字，與唯果商定之。六時卅分到
辦公室，閱四組文件。七時回寓，辟塵來談。接十六號家
書。夜十時往訪岳軍，談外交甚久。十二時就寢。

9 月 10 日　星期日　晴　九十七度

　　八時起。今日頭暈不舒，又頸項關節亦隱隱作痛。
核閱講詞一件畢，即無力作事。十一時辟塵來寓，為余照
相，泉、皋兩兒同侍側，蓋兩兒謂余今年五十，宜留一紀
念也。向午往官邸一轉，至辦公室，閱呈要電二件，又楊
大使電一件。午餐後悶熱不堪，室內九十六度半，與晨起
時之八十一度相差約十五度以上，精神大感困倦。學素嫁
妹，亦不及往賀。六時芷町攜文件約二十件來，處理畢已
八時矣。晚餐後往訪王外長，談外交，並晤叔謨次長，歸
來寫報告，直至十二時寢。

9 月 11 日　星期一　晴　九十六度

　　七時起。泉、皋兩兒已分別回成都及北碚去矣。閱
情報數件，汪之逆謀進行更力。敵閣對歐政策尚在徬徨觀
望中，然其乘機攘奪英法在東方權益，則企圖甚明。十時
季鸞來，詳談我方對歐戰態度，主張暫守中立，視英法需
我協助之程度，而與之合作以抗日，並具書面意見一份，
即為專人送呈之。今日熱甚，為本年最熱之一天，靜坐已

不可耐，更不能工作矣。十一時聞有敵機卅餘架來襲，卒
未入渝市，一時十五分解除警報。午後休息，晚閱文件，
十一時寢。

9月12日　星期二　晴　九十八度

七時起。今日仍悶熱異常，天久不雨，乾枯殊甚。
發渝十八號家書，問允默近狀。九時卅分應召過江，攜去
顧、胡、楊、陳大使來電五件，十時五十分到達，十一時
見委員長報告近二日內各事。奉交下致顧、郭大使電，囑
就商於亮疇部長。十二時回渝，往晤亮疇，酌定後於一時
卅分交發。燠熱不可耐，移冰籃于榻前，略睡片刻即醒。
傍晚汪速記榮章來談工作情形，為致書介紹於果夫。六時
閱六組情報，七時閱四組文件，八時卅分畢，十二時寢。

9月13日　星期三　晴　九十八度

七時起。天氣燠熱如昨，晨起即在九十四度以上，
真不可耐。八時楚傖先生來談，參政會中有人擬提結束
黨治案。又聞有學者多人，對行政當局將提案請避賢
路。楚公以為應善處之。為約定時間請其見委座面陳
之。向午更熱，頭暈異常。接公弼來電，接公展函，言
復恆有被高某牽引之慮，即馳電勸誡激厲之。午後小睡
起，覺室內竟不可居，移至地下室，閱改文件二種。晚
飯後閱六組、四組各十餘件，代批八件。與唯果長談，
不覺夜深，十二時寢。

9月14日　星期四　晴　八十八度

六時即醒，今日天氣轉涼，以為可乘此工作，遂起床。盥洗畢，處理私人函扎五件，發十九號家書，並分配編纂工作。八時卅分王外長約往談外交及送閱使館來電之手續，談卅分鐘而歸。似覺睡眠不足，且略有眩暈之象。十時自誠偕胡善恆教授來談。胡君將去湖南，任財廳長，囑轉介於伯陵主席。十一時去，自誠再留談卅分鐘。向午覺疲甚，未進食，即就睡，至午後三時始醒。神思不快，精神亦委頓，不知是何原因也。溯中來談甚久而去。夜芷町、乃建先後來談，十一時寢。

9月15日　星期五　陰、夜雨　八十度

七時起。閱報知英軍已開始在西線作戰，德波戰事已無中途停止之可能（前數日頗多此類推測）矣。十時到辦公室閱情報多件，忽覺頭暈，而有微熱。十一時卅分往謁委員長，交下稿件，命與王外長接洽。攜歸細閱，知更改之處甚多。十二時卅分午餐畢，不能支坐，小憩約二小時。三時卅分再謁委員長。四時往晤王外長，商文件及參政會之開幕詞。六時再到官邸報告，與文白略談。七時晚餐後處理四組各件，芷町、唯果談良久而去。覆函數緘。十一時寢。

9月16日　星期六　陰　七十六度

七時卅分起。處理公私函件約十件。盧滇生先生為

委員長撰擬致孔先生六十壽序，今晨脫稿寄來，為審酌刪
節，並邀孟海來共同商酌，至午始定稿。今日侍從室乙種
會談未及出席也。正午往見委員長，報告日蘇在滿蒙邊境
停止軍事行動事，並聞停戰協定已簽字矣。午後慶祥來談
訓練駐外密電員事。三時到青年團出席審查會，未開成。
與立夫同來寓，談良久而去。傍晚再謁委員長，交下參政
會文件二種，閱定後即送雪艇秘書長。閱四、六組文電各
十件。孟海來談。十一時卅分寢。

9月17日　星期日　陰　七十三度

八時起。包華國君來談約卅分鐘。請孟海來寫壽
序，又與文白兄合送孔君一壽聯：

尊嚴在中，安仁尚德；

輝光照國，受福宜年。

集易林句成之。十時到參政會，出席第八次會議。
委員長主席，對外交及憲治作詳盡之報告，先後約一小時
始畢。與王外長同見委員長於休息室，商定發表文件。
十二時與唯果、自誠等先歸，到官邸一轉，即回寓。張秘
書來談。午餐後天氣更涼，小睡二小時。傍晚聞蘇軍已開
入波蘭，聲言保護烏克蘭、白俄羅斯人利益矣。國際反
覆，毫無信義，可危可歎。六時後閱四組、六組文件，並
紀述在參政會報告詞，未完。十一時寢。

9月18日　星期一　陰　七十一度

八時起。六時前即醒，再服安惟胖一片，乃再睡一小時餘。繼續紀錄委員長在參政會之報告詞。盧子英區長來訪，未及接晤。至十一時卅分整理完畢，即交繕寫。閱情報十餘件。今日沙坪壩舉行閱兵，亦未往參加。與公展商宣傳方針。聞楚公病痢臥床已三日矣。午餐後以顧大使十七日電與法外次談話要點抄呈。小睡至四時許醒。致立夫函，商青年團會期。傍晚以汴省府事謁委員長，與張主任在官邸談甚久。六時卅分歸寓，核閱四組文件八件、六組情報約二十件。夜唯果、顯光先後來談蘇俄對中日戰事態度之演變，與王外長通電話兩次。十一時卅分寢。

9月19日　星期二　雨　七十一度

八時起。昨晚未服藥，睡眠又不佳。唐組長乃建來談俄使館武官來電事。有蘇俄對中日關係守中立之語，後知實為蘇俄致廿三國牒文之誤。閱情報多件。十一時到辦公室辦發要電兩件。十一時卅分參加會談，到程主任、李長官、白主任、徐部長及庸、亮、岳、雪、文白諸人。商談外交歷一小時餘始畢。一時返寓午餐，餐畢閱報後小睡，至四時起。約邵毓麟君來談，擬約其來情報組任事。五時邵君去，芷町攜文件八件來，即為處理之。並閱定訓詞四篇。七時委員長約往談，命辦理關於改組川省府之電令。委員長擬自兼主席，而以賀元靖為秘書長，擬就令稿

請簽署後，並請孔院長簽發，即親送魏秘書長辦發之。接倫敦、莫斯科來電各一件。滄波來談甚久。十二時枕公來談，卅分鐘而去。

9月20日　星期三　陰雨　七十四度

八時起。昨睡似稍佳，而今晨仍患頭昏也。閱呈孫、郭來電，並胡使來電各一件。季鸞來談對國際形勢，頗有迷眩之感。十一時偕往雪艇官邸，與辭修略談後，即見委員長報告季鸞所談各點，並請示數事。委員長命與雪艇同擬致蘇當局函稿，談十五分鐘退。十二時卅分偕季鸞到官邸午餐，縱談外交，至二時卅分始歸寓。小睡至四時，志希、貴嚴、淮南先後來談。傍晚核閱六組情報十件、四組文電八件，又代批四件，夜擬致顧、郭、胡大使電各一件，代季鸞發港電，覆函數緘。十一時卅分寢。

9月21日　星期四　陰雨　七十一度

七時卅分起。閱情報並覆函數緘。十時到曾家岩，與文白主任談近事。十時卅分舉行本室會報。余提出報告一件，為樂山房屋事，並決定下週開全室研究大會，十二時散會。即回寓整理積件，閱三民主義青年團團員須知初稿，文字體裁似均不妥當也。佩箴先生來談，交下琢、景各一函。邵毓麟君來談，願至本室服務。五時謁委座，略談歸。處理四組文件十五件、六組情報二十餘件。七弟、

九妹、細、憐兩兒來寓，敘談久之。夜改擬致外國某兩君函稿，直至十二時卅分畢。一時卅分寢。

9月22日　星期五　陰雨　七十三度

七時卅分起。腹部隱隱作痛，似有痢疾之象，即服藥預療，然上午仍瀉三次。十時委員長命與楚公偕往談話，楚臥病未起，余往官邸代為報告。十時卅分委員長約騮先、辭修、立夫、兆民談話，文白及余亦參加。談黨務團務推進方針，有極痛切之指示，談畢命余上樓，面授應撰擬談話之要點，並交下視事函二件。即歸寓，命省吾錄存。又擬致莫委員長函。午餐後腹痛更劇，且有微熱，水瀉約四、五次，精神頗疲憊。夜公展來談甚久。本日四組文件均囑芷町辦發之。十一時熱尚未退也。

9月23日　星期六　陰　七十二度

六時卅分醒，熱已退，而瀉不止，以將有某地之行，不能不強起。八時卅分往官邸謁委員長，報告國外通訊社消息，並呈簽函件。九時卅分至辦公室，辦發代電：一、關於王兆榮事，二、發童豪聖恤令。十時又瀉二次，精神頗覺不支，遂未參加甲種會報而歸。中午未進食，腹瀉更劇。約公展來談，商定中央社聲明稿。胡醫官再來診視，斷為腸炎，如不慎亦可變為痢疾云。授藥兩種而去。至晚又續瀉十餘次，皆為極薄之液體。夜食粥一小盂半。接季鸞函。芷町、唯果先後來談各半小時而去。十一時後

腹痛似稍瘥，十二時入睡。

9月24日　星期四　陰　七十二度

七時醒。昨晚屢為鼠聲驚醒，二時後始得安睡。今晨瀉仍不止，但勢已稍緩，靜臥休息至十時起床。閱報至處理函扎，十二時食稀飯一小盂，再睡，三時胡醫來診視，謂不至變痢，可漸投收斂劑以止之。蓋余體力實不能久瀉也。五時仍起坐，作第二十號家書，並閱呈要電三件。接羅覺僧廿一日來函。委員長約往談，以足力弱，不能往，旋得手諭，乃補充要點，命納入談話稿之內者。夜仍食稀飯，芷町、唯果、孟祁先後來問病。十一時洗澡，就寢。

9月25日　星期一　陰晴　七十三度

七時卅分起。腹中仍轆轆有聲，似腸部無吸收水分之機能，而發酵之現象亦未止也。聞委員長赴近縣某山遊覽，一時似不致離渝。上午決靜臥休息，並閱書自遣。志希貽余「疾風」詩草一冊，畢讀之。上午仍瀉三、四次，下午又續瀉五次。胡醫再來診視，謂今當以消毒收斂為主，不必再服 YATREN 矣。致雪艇一函，接默第二十號函，即覆之（第二十一號並附致樂兒）。夜芷町來談，閱胡、顧諸使之來電，並整理舊篋。至十一時卅分始就寢。

9 月 26 日　星期二　陰　七十二度

　　八時卅分起。今晨瀉止，大便已恢復常態。但腹內尚有微痛耳。整理積件，甚覺疲乏，想病後尚不堪勞動也。發顧、郭兩大使電，以胡使漾電之語轉告之。即謂英法在遠東能站住不退，則美可為之援助。若英法先撤退，則孤立派即將起鬨要求美亦撤退。午後與國華通電話，囑轉告病癒。顯光來商赴港事，並為轉陳。旋養甫來談甚久。養甫去後，邵毓麟君來談。又與岳軍、楚傖通電話。夜國華傳諭命擬談話要點，檢閱汪最近所發之悖論。至一時卅分寢。

9 月 27 日　星期三　陰晴　七十二度

　　七時卅分起。以委員長不在渝，事較空閒，心緒亦寧謐。十時吳禮卿先生來談赴藏事，慷慨激越，充分表示老革命黨員之本色。與王外長通電話，知中蘇商約暫不公布，對方已允可矣。向午又患腹瀉，至下午三時未止，延胡醫來再診。發六弟、次行、冰如、覺僧各函，託顯光帶港。擬訪季鸞，知已赴對岸，遂未果。傍晚閱四組文件十一件、六組情報十件，與芷町談卅分鐘。夜實之、荻浪先後來談，九時卅分唯果來談研究文字及宣傳，縱談甚久，忘夜之深，十二時卅分寢。

9 月 28 日　星期四　陰晴　七十一度

　　七時卅分起。昨入睡已將二時，今晨六時即醒，睡

眠甚感不足，幸腹瀉已止矣。檢理近稿，交省吾錄存，並譯海通社美詹士所記談話一篇。十時著手起草對偽中央政權問題之談話稿，僅書一紙，乃覺發寒頭暈，即中輟休息，亦未食午餐。午後小睡至三時起。繼續起草，神思殊疲散，毫無氣力，至六時許勉強完稿。略進食，而敵機襲渝，九時始解除警報。知公展曾來訪，為合眾社昨日發表王外長對該社總經理摩利思之談話事。閱原稿，詢岳軍，知不接洽。復與楚傖談後，往訪徐次長，知該稿與王外長所言者無甚出入，遂歸寓。十一時又發警報，一時五十分解除。二時就寢。

9月29日　星期五　陰晴　七十二度

七時卅分起。略閱情報後即赴辦公室，閱昨到之文電。以王外長對合眾社記者發表談話事，心殊不解。十時舉行侍從室全室研究大會，到上尉以上約卅人，張主任出席軍事會議，由余擔任主席。芷町講演侍從人員應有之服務道德，約一小時，余再為補充引申之。十一時三刻散會，處理文電畢，偕唯果歸寓。午餐後小睡至三時醒。將昨擬談話稿再加研究修正。公展來談十五分鐘。六時完畢。閱四組文件八件、六組情報十件。七時許有空襲警報，九時卅分解除。往謁委員長，報告三日來各事。十一時歸，十二時寢。

9月30日　星期六　晴　七十五度

七時十五分起。八時應召赴官邸會談。到孔院長、張、王兩秘書長，旋王外長亦來談，商對於合眾社談話稿之補充解釋，以在國內外已引起誤解也。商定要點，由王外長再發談話。十一時果夫來，即在官邸舉行乙種會報，雪艇未到。十二時至辦公室，代批文電十二件。歸寓午餐畢，王外長約往談，以所擬稿囑余代為呈核，即送委座，面請核定後仍送回交發。二時卅分小憩，四時醒。委員長招往，以斥汪之談話稿修正件交攜回修正。六時芷町來，核閱四組文電十五件，代批八件。唯果亦來談。晚餐後將談話稿修正完畢，已十時矣。正擬就睡，而有敵機西飛之消息，乃將積存之講稿一篇改完之，並核英士大學開學訓詞。二時警報解除後就寢。

10月1日　星期日　晴　七十六度

　　昨晚為警報所擾，就睡已將三時，今晨八時卅分起。國民月會不及參加，而黨政訓練班開學典禮遂亦請假未往。整理舊篋，檢還檔案約費二小時。十一時卅分往謁委員長，報告數事，奉面交改正之談話稿，囑再修潤。十二時卅分在官邸午餐，宴周鯁生、杜月笙、錢新之及銀行界多人。鯁生將赴美洲，與端升同行也，餐畢略談，至三時歸寓，料理交辦雜事。五時委員長約再往談，對談話稿仍有補充之處，攜歸再酌，並囑唯果譯為英文。一面批閱四組、六組文件，至八卅分將談話稿交通訊社。草草進餐畢，擬小睡而神經脹痛。十一時發警報，敵機襲蓉，四時始解除。

10月2日　星期一　晴　七十四度

　　九時四十五分起。覆泉兒函，寄西康葉秀峯君一函，覆八弟函，又覆皓兒函，對其婚姻問題有所指示。又發第廿三號家書，料理諸務，至下午二時始進餐。小睡休憩約一小時，匯寄泉兒國幣五百金，為試驗化學工業之資金。三時卅分往訪侍衛長，與唯果談話。四時回辦公室，辦發文電七件，致吳禮卿先生一函。五時應岳軍先生約往談四川善後各事，約二小時餘。岳軍對川事主張積極整理，擬施政要綱十則，攜回轉陳。七時閱第六組情報，並整理箱篋。九時五十分就寢，不入睡，十時卅分有空襲警報，四時十五分解除。

10月3日　星期二　晴

九時四十分起。閱張秘書所擬川省施政綱要及保安團隊改編計畫方案等，並覆張秘書長一函。十二時十分午餐，一時卅分到機場。賀貴嚴主任來送行，談國際近事及戰局。二時卅分乘機由渝起飛，張主任、俞秘書等同行。機行迅速，三時卅五分到蓉機場，鄧主任、王主席等二十餘人來迎。入城到軍校小憩，即隨委座同往城外視劉故主席之墓。行禮畢，偕季陸、文白往訪季陶于向育仁先生之寓，談約一小時歸。至四道街陳武鳴公館晚餐，武鳴以軍校煩囂，囑余留寓其家。晚餐畢，偕文白往謁委員長，旋偕至金河街訪賀元靖。十時回武鳴家，十一時寢。

10月4日　星期三　晴

九時起。昨晚一時聞有警報，二時卅分解除，三時睡。張明鎬君來談。早餐畢，往軍校與侍衛長談話，駱德榮君來談，與張處長巡視校內辦公處一周，十時卅分先後到潘仲三、王治易、鄧晉康及季陸家，均不值，投刺而歸。十一時四十分希曾自渝來，一時午餐，餐畢，胡次威、郭子杰兩廳長來訪。次威談川情甚詳，二時廿分始去。小睡至四時起。到軍校內辦公室巡視第四組辦公處所，並核辦文電五件；發函電各一件。晚餐後與唯果同至四道街陳寓。十時往見委員長，商談川省政興革及起草雙十節文字。十一時歸，即就寢。二時有空襲警

報，四時解除。

10月5日　星期四　上午雨、下午陰

十時卅分起。賀元靖君來談川省府接收手續及以後代為處理省府事務之範圍。約四十分鐘而去。摘呈函件數則，並預擬委員長到川省府視事日發致前方川中將領之電稿。到軍校一轉，即回。一時午餐，餐畢，與文白等略談，未及午睡。三時再到軍校，核辦文電六件。四時委員長約見川省府職員，到四廳長及稽、杜、吳三委員，各廳科長以上約二十人。首約諸廳長詢問政務，胡廳長次威陳述最詳，稽述庾談糧食管理之意見。旋約集全體，由委員長簡單訓話。五時卅分畢，六時回寓，與芷町通長途電話。七時武鳴在家宴客，到鄧、潘、王、黃等多人。九時散席，武鳴來談校事，接葉秀峰函由軍校教育處譚輔烈君轉來。十時卅分睡。

10月6日　星期五　陰、向午晴

九時五十分起。到省府一轉，偕賀秘書長同入見，談二十餘分鐘。準備材料，擬著手起草告國民書，乃客來不止，陳筑山、晏陽初兩君來談甚久。午餐時季陸亦來作長談。餐畢，武鳴、文白又來余室小坐。小睡至三時醒，始得動筆。題目太大，委座所欲容納之意詞又似太細小而具體，安排斟酌，甚苦不得其當。武鳴之子陳綱又常來余室，以至費時三小時，只成一前段，視之殊不可用。六時

到慶雲西街訪鄧主任晉康，應約晚餐。同席十人，飲酒甚
驩，直至十時始散。既歸，倦甚，即就寢。接默第廿三號
函，以文白在鄰室打電話，一時始入睡。

10月7日　星期六　晴

八時起。陳清患嘔吐，臥床不起，甚為不便。九時
到陳宅早餐，武鳴夫人為余談其兄獻身革命之經過甚詳，
約一小時始辭歸己室。起草雙十節告國民書，隨想隨寫，
不及裁節。午餐後談話一小時未午睡。四時許始完成，約
長三千四百字，即攜往軍校交繕。並核辦文電十二件。六
時往謁委員長，以董顯光君來電話報告。六時卅分歸，季
陶來談。七時卅分到賀秘書長家晚餐。同席十七人，劉自
乾主席本日自雅安來，亦同席焉。晚餐畢，略談歸。與岳
軍通電話，核辦文電七件。十一時寢。

10月8日　星期日　陰

九時卅分起。十時到官邸，奉交關於財政金融各
件，囑鄭組員等分別錄存，即在辦公室審核川民廳、建
廳、教廳所呈各節略。十一時卅分歸寓，晏陽初來談。
十二時到西門外茶店子，應省府同人公宴。出城行田野
間，甚有清趣。十二時卅分到省府，一時卅分午餐，與王
主席、賀秘長及甘、陳、胡廳長、劉保安處長，分別詳
談。今日文白因事未到（赴桂湖），至三時宴畢。進城訪
徐次長未值。小睡起，委員長約談，命將告國民書改撰文

言，並加入新意一段。七時歸寓改撰，幸連日睡眠已足，思慮尚暢，至十時卅分即已完稿。然為此一文費時已不少矣。閱文電，七時後遂就寢。

10月9日　星期一　晴

八時卅分起，核辦文電九件畢，到軍校參加擴大紀念週。到黨政軍高級職員約二百人，委員長出席訓話，約一小時畢。子杰、次威介紹吳景伯君與余詳談川政設施及軍政興革，對川中人物多有月旦，其見解亦尚明銳，惜不免有所偏耳。在軍校午餐畢，小睡至二時。委員長將告國民書改下交正，即為清繕，送中央社拍發。四時約見紳耆及各學校校長，到尹仲錫、田頌堯、但怒剛、李伯申等多人，中央（醫）、金大、金女大、西大各校院長均到，先個別約見紳耆，繼舉行茶點，交換談話，六時卅分畢。歸寓，未定坐，應召再到軍校。奉諭告國民書仍須酌改，約八、九處，即攜往中央社照改。九時到潘仲三寓晚餐，十時歸，十一時寢。

10月10日　星期二　晴

七時卅分起。往支城石街訪李幼椿，即偕幼椿、任之、時珍三君同赴軍校，參加閱兵典禮及第十四期生畢業禮。八時十分開始，至十時十分完畢。到來賓百餘人，員生官兵約一萬人，景象肅穆而壯偉，甚感興奮。十一時發空襲警報，敵機炸自流井、資中、秀山等處，

十二時解除。偕世和、希曾、唯果等到醉漚酒家午餐，嚴嘯虎司令來同席。二時卅分餐畢，往訪徐可亭未遇。回寓小憩，至五時醒。往訪季陶，七時偕至軍校新生社敘餐，與邵明叔先生談甚久。餐畢，委員長作簡單訓話而散。仍至吉祥街與季陶暢談，至十一時歸。可亭來訪談卅分鐘去。十二時睡。

10月11日　星期三　晴

八時起。即出門至軍校謁委員長，報告黨政方面所聞之意見及可亭所談各事。今日委員長親臨川省府，主持省務會議，余留軍校未同去，閱文電五、六件後，與希曾組長談，並囑黃司書勿外出，十一時歸寓，與衛俊如君談河南省政，即在武鳴家同午餐。午後小睡起，再至軍校一轉，訪陳伯南、劉自乾，均未遇，遂歸。果夫來談甚久。夜武鳴宴自乾及黃軍長、刁副軍長，余亦被邀同席。九時到軍校，與可亭、果夫同進謁，談財政、民政，承命準備文告。十時卅分到省府招待所，與果夫談甚久。十二時歸寢。

10月12日　星期四　晴

八時起。謝霖甫來談光華大學事甚久，意在請增補助。九時卅分軍校辦公室，閱文電數件。忽覺頭暈發冷，殆以睡眠未足之故。臥床小憩。軍校總務處長來談，遂起。錄張益州畫象記呈核。十一時卅分謁委員長，報告各

事，有所承商，並陳述對禁煙問題之意見。十二時應中央
社馮志翔君之約，到榮樂園午餐。到明煒、斯孝、谷冰、
嘯岑、謝崇周、張琴南等多人，皆新聞記者，縱談甚懽。
餐畢，已二時餘，歸寓小睡，至三時卅分起。立夫自渝來
訪，談約一小時餘而去。田頌堯將軍約晚餐，以疾辭，蓋
不堪應酬之煩也。夜閱文電，武鳴攜子來談。旋雪冰、唯
果來談。今日談話太多，十二時始睡。

10月13日　星期五　晴

八時卅分起。張明鎬君來談。九時到省府訪元靖，
知委員長今日仍親臨主持省務會議，亦可謂重視矣。十時
卅分到向宅訪季陶，請教釋回各教對於生死問題之解釋
（委員長命搜集材料），季陶示以易經序傳，並告以覓購
回教要籍。十一時卅分仍回軍校，辦發文電十三件。向午
敵機襲南川、梁山，成都發預行警報。正午嚴嘯虎、劉兆
藜約午餐，軍校招待分校主任會餐，均未赴。午餐後歸
寓，小睡一小時，客來三小時不止，欲起草文字，終無成
就，甚苦之。七時到向宅，謝李伯申議長之宴。即至軍校
官邸陪客晚餐。餐畢，談至十時歸寓睡。

10月14日　星期六　晴

八時卅分起。到軍校辦公室，核辦文件七件。往見
委員長及蔣夫人，談四十分鐘。關於耶教之教理，蔣夫人
允為搜集。歸途往訪陳伯南、林翼中未晤。立夫今日到蓉

來寓談教育行政甚久。午刻武鳴宴客，被邀作陪。到伯南、翼中、果、立、天放等多人。餐畢復聚談甚久而去。小睡一時起，再到軍校，與達雲處長等談話。起草告川民書，只成二段，委員長又約往談，有所詢問指示。今晚有兩次宴會，均辭謝未赴。在官邸聽梁漱溟等報告戰區情狀，甚感興奮。夜可亭來談。十時後繕呈儒、釋、耶、回之生死觀一文。一時睡。

10 月 15 日　星期日　晴暖

七時卅分起。季陶、育仁二先生來談，留共早餐。八時卅分到軍校，參加紀念週。委員長對省內文武各校員生訓話，約一小時始畢。十時後退官辦公室，核閱文件。關於省政方面者：條陳、計劃、報告達十餘件，審閱費力之至。今日決心將未完各件趕辦，遂留軍校未歸。然交辦之件陸續而至，任之、幼椿諸君先後來談，鄧晉康約午餐于康莊，亦未及赴宴也。三時歸寓，張明煒君來談。六時到方正街，應劉自乾之宴會。看饌絕精美。餐畢，觀其佛堂造像、壁畫搜羅極富。九時歸寓，交下手令十八件。十時卅分起草告川民書，二時卅分完稿，即交繕。神經興奮，澈夜未入睡。六時始朦朧睡去。

10 月 16 日　星期一　晴

八時卅分為電話驚醒，思再睡乃不可得矣。十時到軍校，將昨日手令一一整理辦發之，費時約三小時。今日

擴大紀念週遂未及參加。事後唯果來述講詞要點甚精粹。午餐時忽覺頭暈，但移時即癒。二時歸寓，果夫來談，即以委員長手定之施政要點與之商榷，三時約元靖及孟簡濤處長來商軍民各政及以後請視之手續事。簡濤談甚久。五時到軍校會談。到果、立、季陸、元靖、兆民、雪冰、仲翔、次威、子杰及戴高翔（軍管區司令部參謀長）諸人。委員長對黨務、團務、民政、教育、訓練事項指示甚詳。七時卅分始散，余已疲甚，遂不復赴省黨部之公宴。歸武鳴寓晚餐後，修改告川民書畢，十時卅分即睡。

10月17日　星期二　晴、下午雨

七時卅分起。蔣養春君來談，囑其留蓉小住，協助果夫先生。旋天放來談川大情形及前次風潮經過。十時向武鳴夫人告別，晤宋希濂、范漢傑之家屬，又往季陶處談十五分鐘，對全會事有所商談。十一時整理行篋後即往軍校，趕辦本日文電，並發謝函數緘，改定告川民書稿，即發出。並擬飭賀秘書長代行省務之手令。二時卅分到機場，三時起飛，國華、世和、文白均同行。四時十分到渝，即返寓休息。憐兒在寓，知明日將赴滇就學矣。晚餐後閱函電十六件。九時卅分往訪岳軍，參加敵情研究座談會，到十人。會散後略談歸。十二時寢。

10月18日　星期三　陰雨

八時十五分起，憐兒已於七時動身矣。處理私人函

件八件，與雪艇電話接洽訓練班事。聞孔院長日前對合眾
社記者發表談話引起美國朝野之注意，向曾虛白處長索閱
原稿，至下午五時始送來，交唯果翻譯之。今日午睡一小
時即醒，朱公亮處長及唐組長、汪榮章先後來談。三時到
辦公室，處理積存文件二十餘件，七時始畢事。夜核閱六
組情報十八件，周枕琴先生來談。改定黨政班四期開學演
詞一篇。十時接胡大使電，適委員長約談，遂攜呈核閱。
委員長詢關於領袖言行編纂事，與蔣夫人談保育院事，約
卅分鐘。十一時歸寓，即寢。

10 月 19 日　星期四　晴

　　七時卅分起。閱報及處理情報後，往官邸見委員
長，面呈胡大使來電應如何答覆之意見，又奉諭應準備
編纂領袖言行。十時將孔院長對摩里斯談話譯呈委座，
以為所言過於深入，有地位責任者不應如此輕於表示。
十二時到官邸午餐，為吳委員長餞行，賓主到十二人。
餐畢，侍談至二時卅分始退。小睡約一小時，理髮，童
行白君來談滬事，與公展兄接洽新華日報停刊處分事。
旋蕭同茲君來談，至六時始去。處理四、六組文件各約
二十件，夜起草致達賴第函稿及致熱振呼圖克圖函稿。
又為蔣夫人準備講詞要點。十二時始畢。遂寢。

10 月 20 日　星期五　陰雨　六十六度

　　七時卅分起。到官邸，以函兩緘呈委員長親簽，並

覆胡大使一電（以余名義覆之），歸寓。約張淮南兄來
談。九時往訪吳禮卿先生，約談一小時。彼將於明日動身
赴藏也。十一時歸寓，鄭延卓來談，特種會報已舉行四、
五次，似對中宣部有所不滿。延卓去後與公展談新華日報
事。總裁認停刊一天，處罰太輕，姑略懲以觀其後。十二
時到張宅午餐。文白為禮卿餞行，到李登同等諸人（又有
馬君亮似為李之隨員）。餐畢，以禮卿續接張威白電，請
中央承認尋覓靈兒在青之費用，與岳軍、伯聰商談久之。
三時歸寓，為蔣夫人起草講詞。徐可亭君來談。五時謁委
員長後到四組辦發文電（今日芷町病假未到組）。七時卅
分歸寓，閱六組情報二十件，並摘呈消息數則，意煩神
疲，不能再作事。即就寢。

10 月 21 日　星期六　陰雨　六十四度

八時十分起。處理情報若干件後，即赴辦公室，閱
已批之呈表。今日為甲種會報之期，芷町病假，唯果事
假，第三處諸君未到，文白主任亦有事，遂與世和、希
曾、平遠、乃建諸君改開談話會。十一時卅分散。條派應
厚荪協助古秘書工作。十二時舉行星期會談，到二十四
人。先見童行、白樂、景濤諸人，席間諸人甘、張、芃
生、慎生、君勱對日美政情之動態研究甚詳。餐畢，驪
先、雪艇復個別入見。二時卅分畢，回寓小憩。四時再至
官邸，陪同約見四聯總處各職員。旋約可亭、柏園商公文
呈送手續。五時歸，立武來談。處理四組、六組各件，公

展、滄波來談甚久。十一時卅分寢。

10月22日　星期日　陰　六十二度

八時起。昨晚睡眠尚充足，今晨精神較佳。閱情報多件，並閱港滬消息及南華日報等社論。十時偕望弟去辦公室一轉，即回。讀青年中國季刊，搜羅尚豐富。午餐畢，佩箴來談四聯總處情形甚久。小睡至二時卅分起，覺精神更見充暢，處理私人函札畢，述庭兄來談立法院情形，約一小時餘。五時到辦公室，芷町已銷假，核辦文件九件。七時回寓，唯果挈婦來訪。晚餐後應召往官邸，有所報告。退至辦公室，擬發川省電二則。十時回寓，十一時寢。

10月23日　星期一　晴　六十四度

九時起。張道藩君來談中政校本科之課程編配事。謂本屆高考之報名者一千五百名，普通行政人員佔八〇三名，司法及教育人員四三〇名云。接委員長手續，催籌辦月刊事，此事真覺無以報命矣。閱情報等多件，倭人大造蘇俄壓迫中國之謠言，以離間中蘇感情，其情殊可惡也。午後小睡起，處理呈件。王宏實君來談對敵宣傳之工作。五時往訪張君勱，以民族文化學院之源起交還之。晚餐後核閱四組、六組文件，至九時五十分始完畢。芩西兄來談所見川省近事，十一時別去，十二時寢。

10月24日　星期二　晴　六十四度

八時起。聞將有某地之行。九時往謁委員長，命余留守，不必去。又命設法糾正廿一日滬報所提日提停戰條件之謠傳。九時卅分佩箴來訪，旋行叔之友費育洪君來訪為謀事。十一時王惜寸、趙申之二先生來訪，談家鄉事。十二時往訪朱秘書長，詢全會準備各事，並詳談常會及各部情形，回寓已二時許矣。午餐畢，假寐一小時許，多夢而複雜，似神經又不健全矣。發廿七號家書，招孟海來，託代撰文字。張文白明（九月十四）五十生日，製壽頌以贈之。七時閱四組、六組情報畢，有空襲警報，敵機襲巫山、奉節、遂寧，十一時解除後工作，直至二時始解除，遂就寢。

10月25日　星期三　陰　六十三度

八時卅分起。畏寒特甚，肌膚如粟，異常不舒。十一時到辦公室，核閱文電數件。委員長適見卡爾，遂未往謁焉，薛農山君來談一小時，以作事應務遠大之意勗之。今日敵機由陝襲川，未入渝空，一時許解除警報。午餐竟不思食，疲頓之至，小睡又不能入眠，甚以為苦。三時志希來談，強起酬對，毫無精神，不得已直告以病，逕自上樓蒙被臥，亦僅假睡二十分鐘而已。六時往訪蔣夫人，退至辦公室，與唯果談話。七時卅分委員長宴中央常委，岳、驌、雪與余作陪，九時卅分會談畢，歸寓。即就寢。

10 月 26 日　星期四　陰雨　六十二度

晨八時起，精神大復，可見睡眠充足之重要也。九時往謁委員長，陳商待決定之文件，奉面諭，批辦之。並奉核定外部覆顧大使之電稿。回辦公室辦發郭大使電稿，囑轉告邱吉爾，我必勸印不反英。十時卅分歸寓，致君勱函，商民族文化學院向教部備案事。為驪先發表談話事，以電話詢委員長意見。午餐後為蔣夫人擬保育院院長會議閉會詞，遂未午睡。腦筋甚疲，四時始寫成。果夫來談甚久。今日文白五十生日，製壽頌二百七十二言贈之，親往祝賀，聞避鄉間矣。謁委員長談卅分鐘。核四組文件十二件，夜十時寢。

10 月 27 日　星期五　陰　六十四度

八時卅分起。昨夜睡眠仍不佳。九時出席本室研究大會，由唐縱組長講演敵我形勢之總檢討，並由希曾、芷町、學素、達程等發言討論小組會議改進之事項，十一時始散會。退至辦公室，核辦文電六件。十二時歸寓，午餐，餐畢小睡，至一時十五分。為蔣夫人改潤對美國廣播講演詞：「向文明挑戰」，譯文艱澀，不成文理，修改極費力，二小時始完成。三時卅分，李幼椿、左舜生兩君來談川康建設學院及憲政期成會各事，順談共產黨今後之態度，五時餘始去。核閱四組文件。代批九件。今日陰歷九月十五日委員長五十三歲生辰。七時蔣夫人約往官邸晚餐，到庸之、子文、顯光、吳貽芳及

端納等多人，餐畢懽談至九時卅分散，即歸寓就寢。

10月28日　星期六　晴　六十四度

　　七時卅分起。八時卅分到官邸謁委員長，請示本週內各事，又晤國華，接洽旅中辦理文電手續。即至珊瑚壩機場送文白等赴桂林。貴嚴、經扶、鳴濤及文白之子一真、女素我，均到場送行，至九時四十分成都號機始開行。與文白約定到湘後來電通知。十時卅分回寓，料理諸務，至下午一時午餐，一時卅五分由渝動身回北碚。約子英區長偕行。途中汽車胎損壞，修理半小時，四時廿分到北碚。四時五十分換肩輿上山，六時五十分到石華寺寓。夜九時卅分寢。

10月29日　星期日　陰雨

　　九時卅分起，見石華寺寓客已廖廖，僅存六、七家，視暑期中之二十四、五家，蕭寂多矣，聞有若干家均回原籍，亦有返淪陷區者。商人重利，不知愛國，不足責也。與旦文姨氏談其家中近事及福子甥女締姻事。今日氣候陰鬱而寒冷，較山下約低十度，如此荒寒，恐冬季不易居。唯旦姨及允默均謂此寓清靜，仍擬續賃半年。皋兒午刻上山，談在院服務情形，夜即宿寺中。下午小睡兩小時，閱舊日函札。夜寒甚，燈下閒談而已。十時卅分寢。

10 月 30 日　星期一　陰雨

九時起。昨晚雨不止，今晨大霧瀰漫益甚，五尺外不能辨人影，偶開戶則霧氣與寒風均侵入室內，甚為不舒。十一時皋兒作別下山。詢明、樂兩兒課業，積明常識日富，而體力仍弱（前數月胃病後羸弱益甚，近日已復原矣）。積樂亦較暑期有進步。午後畏寒，小睡一小時餘，至四時起。為樂兒改作文五、六篇。晚餐後與旦文姨氏及允默談商今後住居問題，決定允默暫不赴渝，以僕人不易駕馭，恐旦姨一人有為難也。十二時寢。

10 月 31 日　星期二　陰

山中寒甚。今晨溫度更低，睡至十時十五分始起。至大殿前後徘徊許久，若有餘戀，蓋四個月前之寓居生活，使我對此山寺發生相當之好感也。惜雨後路濘，不及外出散步游眺，又不克一訪教理院諸法師，殊為憾事。聞樂兒言，教理院本屆有學僧某，畢業試驗成績列上等，以教授評閱試卷所給分數稍苛，不獲冠軍，忿爭於教務主任法舫。法舫呵斥之不服，命曳出山門外，該生一時氣急，竟以小刀割喉斃命。出家人名心之濃如此，可見教育之不能改變人性矣，為之慨嘆不止。一時午餐畢，決定允默暫留山中，以慰旦姨之苦寂。二時別家人下山，四時抵北碚，即換車回渝。天昏黑而路亦泥濘，車行甚緩，到渝寓已六時卅分矣。詢知國華等已抵南嶽，尚有五、六日居留。晚餐畢，閱四日來之情報。九時卅分洗澡畢，方擬就

寢，而芷町來談，旋又與望弟談日內各事，至十一時始就睡。服 Ipral Calcium 二丸，乃僅睡五小時即醒。齒痛大作，不可忍，至六時再服 Evipan 一丸，始朦朧睡去。

11月1日　星期三　陰天　六十三度

以昨晚齒痛失眠，今晨乃沉睡不醒，直至十二時始起床。國民月會遂不克參加矣。午後補閱四日來未辦之文件，驪先來訪談一小時而去。全會開會在即，仍無準備。黨內自改總裁制以來，常務委員之責任觀念更見薄弱矣。閱六組情報十餘件，六時卅分芷町來寓，核閱四組文電十二件。邵毓麟秘書來談工作近況，為指示要點。何君孟祁來談，旋章篤臣來談。十時齒痛又作，十一時寢。

11月2日　星期四　陰雨

八時卅分起。閱六組情報十五件。讀報載莫洛托夫之外交演詞，對於中國問題一未提及，且露與日本調整國交之意，其真正意向殊難窺測。然攻擊英法詞鋒益厲，歐陸風雲益將擴大矣。發二十八號家書。下午小睡一小時，氣候陰寒，微雨不止。讀青年中國季刊及時代精神月刊，閱六組情報十四件。李孤帆君來談。六時芷町來，晚餐後去。批閱四組收到文件。夜讀蔣百里文選，夜深始寢。

11月3日　星期五　陰雨　六十二度

六時起。近日事務較閑，而精神轉見懶散，殆因氣候陰鬱，不見日光，故作事一無興趣也。閱關於四川省政之材料及其地方預算等件，以陰雨不得出門，殊覺悵悶。午餐後小睡一小時，孟海兄來談伍叔儻君生活甚困，囑為函介於行政院。其實余之薦函必無效力，姑允為一試而

已。閱六組情報十五件，處理四處文電十一件。芷町來談一小時。夜實之、溈舫先後來談，十二時寢。

11月4日　星期六　晴　六十三度

九時卅分起。閱外交情報多件，處理第六組積存之情報四十四件，皆在成都時未及呈閱與最近一週所積存者也。統帥事太繁，致有若干重要情報亦只能口頭報告，實為抗戰期中一缺憾。今日上午陰翳，下午始放晴，但敵機仍竄入川境，在成都上空有激烈戰鬥。午睡未安穩，影響腦筋，幾不能作事。閱四組、六組文件各十一件，核改講稿四篇，覆泉兒一信。晚餐後接委員長江電，即轉朱秘書長，為指示全會事也。十二時後就寢，未熟睡。

11月5日　星期日　晴　六十一度

八時卅分起。昨晚睡眠又不佳，甚以為苦。接胡適之江電報告顏駿人謁羅斯福情形，即轉電前方，又將阿部上奏敵皇及美通訊社所傳之敵興亞院決定原則，摘要電告。上午接默來函（廿八號），即覆二十九號函。今日心思仍煩鬱不定，王埔伯兄謂均係睡眠不足之故也。午後讀李衛公傳，又閱西安回憶錄英文本。傍晚處理四組文件十件，六組情報十四件。芷町來談，出示贈余律詩四首，才調清逸殊可愛。公展來談一小時餘去，夜與望談話。十一時寢。

11月6日　星期一　陰　六十二度

八時起。閱情報十餘件。連日天氣陰寒，身體至感不適，作事亦無心思。薛農山君來談卅分鐘去。獨居書室，心煩無聊，往訪驤先、楚傖均不值，乃歸。下午小睡兩小時，精神漸復，為金誦盤君題蔣公穀所著之陷京七日記。聞馬相伯老人支日在諒山逝世，為委員長擬電弔唁之。傍晚細兒來，詢其校中情形，知院長及系主任均未聘定，課業不免停滯。夜孟祁來談平玖婚事。公展來談憲政運動事。十一時卅分寢。

11月7日　星期二　陰　六十三度

八時卅分起。昨晚服藥二丸，睡眠較酣適，晨起精神健復。閱情報十餘件及參考消息後，即至四組，將一週來之呈表全部整批，擇其次要者代為批辦。十時委員長及文白等由桂林返渝（自二十八日出發赴湘已旬日矣）。十一時往見，報告近日要聞，約一小時，退歸寓。與葉先生及雪艇主任電商文件。下午小睡四時後到四組，閱待呈文件。六時往訪文白未遇。七時到官邸晚餐。到孔、王、張及雪艇、叔謨等七人，討論對蘇外交方針，至十時完畢。歸寓，公展來談，十一時卅分寢。

11月8日　星期三　陰雨　六十五度

八時起。接卅號家書。驤先來談良久而去。自誠來報告衡山會議經過。劉愷鍾君來談四期黨政訓練班情形。

十二時以車接季鸞來寓，略談後即偕至官邸。午餐到朱、葉、雪、岳等四人，知蘇使上午已謁見委員長，對蘇日關係仍謂無變更。席間討論全會中外交報告之置重點，各人發言甚多。餐畢送楚回寓，繼至岳軍家，與季鸞談一小時歸。傍晚閱六組文件，唯果來談甚久。九時卅分芷町來，閱四組文件畢，君誨先生來談，家鄉雜事。一時寢。

11月9日　星期四　陰　六十四度

九時起。昨晚又遲眠，乃不得不晏起矣。聞季陶已歸渝，以電話詢之，知尚在休息中。十一時到官邸，謁委員長有所報告，並代楚僉詢國民大會之呈件，奉批定後即攜回寄還之。楚公近日似有恍惚健忘之態，其病狀殊可憂也。午餐後小睡五十分鐘起，搜集五中全會以後之外交文件及國際大事，類比參閱，約三小時。航空學生鄭君來訪，談十五分鐘去。六時晚餐畢，芷町攜文電來談。覺其見解偏宕，微以為憾，繼而思之仍由未明內容故有所蔽也。十一時卅分寢。

11月10日　星期五　陰雨　六十一度

八時卅分起。近日晏起已成習慣，夜不成眠，最為痛苦也。十時往謁委員長，報告全會諸事。十一時再應召往見，口授全會開會詞要點甚詳，隨聽隨記，凡十餘條。既畢事，即歸寓，另紙整理之。午餐畢，未及休息，委員長又三次以電話見示。二時卅分著手起草開會詞。陳君武

鳴來談，約五十分鐘去。至五時寫成兩大段，而季陶來訪，與余商談全會總決議案之內容。彼本極健談，余又不便直告，至七時卅分始得晚餐，餐畢，又接電話六次。端緒紛繁，心神不能凝壹，至一時始克完稿。洗澡服藥，二時就寢。

11 月 11 日　星期六　陰　六十三度

九時卅分起。將昨晚寫成之文字複閱一遍。十時攜呈委員長，奉命須再加二段。聞馬博庵君今日來見，不及陪同接晤。閱戴君所留交之決議案綱領及情報與參考消息十餘件。向午覺發冷，小睡廿五分鐘。唯果來談。十二時出席官邸特種會報。到甘、段、朱、張、王、厲生、養甫、文白、楚傖、唯果等九人，討論黨務及宣傳。二時餐畢，與楚、岳、雪商開會詞內容，三時歸寓，再修改，五時呈核。即往陶園訪季陶，適騮先亦來談，七時十五分歸寓。閱四組文件廿件、六組四十件，整理開會詞，並校定譯文。十二時寢。

11 月 12 日　星期日　陰、微雨　六十一度

八時起。九時偕唯果同往國府，參加總理誕辰典禮及六中全會開會式，在休息室內小坐，遇熟友多人，應接幾不暇遍及，有若干師友只遙望一頷首而已。九時十分行禮，總裁致開會詞，朗誦達四十五分鐘而畢。退至休息室小坐，即約同茲兄到寓，將開會詞再度修改校正，並核改

英文稿，十二時交同茲發出之。午後小睡，至三時醒。閱
提案及前屆宣言，核閱六組情報十五件、四組文電十件，
陳筑山廳長來訪談四川建設甚久。傍晚謁委員長報告各
事。與唯果商文件。夜方之來談。十一時卅分寢。

11月13日　星期一　微雨　六十一度

　　八時卅分起。連日服藥，睡眠已足，精神漸復，同
人均謂我心氣和平，興會亦較佳矣。九時到國府參加紀
念週，總裁致詞朗誦五次代表大會宣言，促到會諸人注
意實踐，十時卅分畢。接開預備會，推定王、于、戴、
鄒、居、葉、馮、孔、朱、李（文範）等十一人為主席
團，並推定審查會人選，十一時廿分散會。與雪艇到岳
軍家，商外交文件，十二時卅分歸寓午餐。聞蘇使今日
賚回音謁見。午後小睡。三時出席第一次會議。聽黨務
報告及最高國防會報告，三時廿分歸，不及聽何總長軍
事報告矣。接卅二號家書，發卅號家書。核閱四組、六
組件，七時委員長宴甘、陳兩廳長，九時五十分餐畢歸
寓。為蔣夫人核閱「前線視察記」，並閱川財政金融建
設案七件。十一時寢。

11月14日　星期二　陰雨　五十九度

　　八時起。閱情報十一件。與皋兒談話。九時出席
第二次會議，聽取常務委員會報告及中央組織宣傳社會
各部之報告。時已十一時，不及聽取各院報告，先請退

席。歸寓一轉，謁委員長報告全會各事。奉交情報數
件，囑分別辦理。在寓午餐畢，即小憩至三時。出席教
育組審查委員會。五時委員長約談中央各部處工作調整
事，六時出席宣言起草委員會。七時到官邸陪粵籍各委
陳伯南、梁寒操、胡文燦等十一人晚餐。餐畢已九時。
回寓閱文件。十二時寢。

11月15日　星期三　陰雨　五十七度

昨晚睡已遲。未服藥，今晨不能早起。醒時已十時
卅分，再略睡而起，已十一時矣。將委員長昨晚交下文件
分別送岳軍先生等處理，並致雪艇一函，託研究日蘇德陸
運事。十二時卅分到官邸，陪粵籍各委鐵熾等午餐。二時
十分午餐畢，睡至三時醒。搜集歷屆宣言決議案等彙合研
究。五時許果夫來談，中央各部會人事約一小時餘。閱六
組情報未畢，七時再到官邸，陪石瑛、張知本、茅祖權等
十一人會餐。餐畢，歸寓已九時廿分。處理四組文件，並
閱提案十五件。十一時廿分寢。

11月16日　星期四　晴　五十七度

晨八時卅分起。閱情報十餘件，出席全會第四次會
議，未終會而歸。聞總裁今日會中有重要講演，對調整黨
政軍機構事指示甚詳，即囑蕭速記筆錄送閱。午餐後小睡
一小時餘而醒。閱第六組情報。約二十餘件，果夫來談甚
久。午後會議遂未出席。夜委員長約往談，以中央各部會

處之人事問題相詢，便中報告兩日來新聞之各種意見。至
十時四十分始歸。閱四組公事畢。十二時就寢。

11月17日　星期五　晴　五十五度

晨八時起。出席全會第五次會議，聆取經濟、教育
各部之報告，總裁指示之要點。十一時先退歸寓，準備起
草宣言之各種材料，並將此次全會提案四十二件及黨會提
案二件綜合閱覽。又為蔣夫人檢摘成語辭典中有關史實足
資引譬之材料，二時完畢即送出。四時著手起草全會宣
言，端緒紛繁，不易排比。幸已準備兩日進行尚順利。十
時廿分已成三段，驪先來談兩小時，為之中輟。十二時後
繼續起寫，三時廿分完稿。四時就寢。

11月18日　星期六　陰　六十二度

晨八時卅分起。與委員長通電話後，即將宣言全
文繕正稿校閱一遍。九時廿分到國府出席第六次會議，
決定軍、教、政治之總決議案三件，並為井塘兄審閱黨
務報告之決議案初稿。十二時散會，即至官邸陪客。一
時各常委及中央各部長均會集午餐，聚談行政院改組等
問題。二時卅分散，歸寓即就睡，至五時起。聞警報，
仍閱六組情報卅餘件。七時卅分警報解除。晚餐畢，芷
町攜公事及簽呈意見十餘件來為閱定之。驪先再來談。
十一時接委員長電話，命將宣言草案重擬。此事真不易
為也。十二時寢。

11 月 19 日　星期日　陰　六十四度

　　八時十五分起。宣言稿須重加更改，甚覺難於排比，以時日已迫，勉力著手，至十時始改畢總論一段，即赴戴宅，出席起草委員會第二次會。楚、力、展、雪艇、均默、蘭友及季陶與余全體出席。余報告總裁提示增加刪改要點，各委員詳細討論，尤於日本回復瓜分中國之夢想一節研究特詳，最後仍囑余起初稿。十二時歸寓，則允默挈樂兒已自北碚來渝矣。草草進餐畢午睡約一小時，即繼續改撰，於七時完稿。以與前稿相較，自更覺冗長而繁複矣。芷町、唯果來相與研究。九時卅分委員長自黃山歸，攜呈核閱。十一時定稿。即歸，十二時寢。

11 月 20 日　星期一　陰雨　六十二度

　　七時卅分起。八時到官邸謁委員長，略談即往季陶家，商定宣言初稿。九時卅分出席全會第七次會議，通過黨務報告總決議案，並決定：（一）改組行政院；（二）增推常委；（三）葉任秘書長；朱、王、谷、吳分任組織、宣傳、社會、海外部長。十一時卅分討論宣言草案，一時修改完畢，提會通過。旋即舉行閉會式，二時禮成。到國際宣傳處送達修正文，二時卅分歸寓。三時唯果攜宣言譯文來寓，為閱定之。小睡至四時廿分起，閱四組文件十件、六組文件二十件。七時到行營，參加全體中委敘餐。總裁致詞勗勉，于先生致答詞。餐畢與楚傖、雪艇、驤先、立夫、季寬等談約一小時。歸

寓已十時餘矣。十一時廿分寢。

11月21日　星期二　陰　六十一度

八時十五分起。閱全會期中訓詞紀錄五篇，尚未及校改，客來不已，遂中輟焉。楊不平、程天放、魯若衡、魏席儒、杭毅諸君先後來談。旋枕琴先生來談。至十二時廿分午餐。餐畢小睡，未成眠。二時四十分到中央黨部，出席決議案整理委員會。四時散會，定星期四繼續開會。與楚傖、君武談秘書處及國民大會事情，擬訪海濱先生，知不在寓，遂未去。王冠青、黃季陸兩君來談，七時始去。晚餐畢，閱六組件十五件。芷町來談。十一時寢。

11月22日　星期三　陰　五十九度

八時廿分起。至春森路訪鄒海濱先生，致送建築費並月費，略談即歸。九時卅分季鸞來訪，談外交、軍事，謂宜充分注意日蘇關係之發展。十時卅分鐵城先生來訪，談海外部宜改為海外黨務委員會，又詳詢中樞對黨政進行之方針。十一時蕭清萍、羅霞天兩君來訪。十二時廿分始得午餐。餐畢小憩。三時胡次威、郭有守兩廳長來訪，詳談川省實施新縣制及人員訓練問題。五時廿分招芷町來商本日文件之處理，並閱六組件。七時到牛角沱俞宅應枕琴及樵峯之宴，到琢堂先生、季寬主席等七人，坐中皆同鄉，談讌極驩，盡白蘭地一小杯，謝君薾腮大醉而嘔。十時十分歸寓。閱川省民廳所擬方

案法規七件。至十二時始就寢。

11月23日　星期四　晴　六十二度

　　八時二十分起。盥洗畢即赴官邸。九時出席青年團中央幹監聯席會議，到常務幹事七人、常務監察四人，團長親臨主持，討論統一全國青年組訓方案，團員訓練方案及經費編制案多件。旋接開常務監察會議，決議四案。十二時十五分畢，到官邸午餐。到川康建設期成會常委張瀾、褚慧僧等五人。季陸、岳軍、雪艇均與餐，餐畢敘談，至三時始歸寓。聞敵軍在欽州、防城得手後續進不已，有進犯南寧之勢，統帥部正籌攻守之計也。小睡至四時卅分起，徐學禹來談閩省政情，約一小時去。閱情報四十件。夜處理四組文件十二件。唯果、國華、自誠、達程先後來談。十一時就寢。

11月24日　星期五　陰　六十一度

　　八時十分起。修改政治報告決議案，完畢後即赴中央黨部出席決議案整理委員會第二次會議（本室研究大會缺席），到委員九人，雪艇最後到。將各屆決議案審核一過，並修改軍、政兩決議案，十二時散會。歸寓午餐後，小睡一小時起。為蔣夫人修改譯文一篇，並核辦四組文件六件。芷町來談川財政與建設。晚餐後閱六組情報二十五件。項遠村、張麟高先後來談。十時周惺老來談，出示龍主席抄呈委座核閱。為公展修改憲政問題宣傳要點一件，

即寄還之。接憐兒來函。十一時寢。

11月25日　星期六　陰　六十一度

九時二十分起。閱情報十六件，傳敵軍已進襲南寧，此次乘虛竊進，致令深入，亦可見防守之不易言也。複閱川民廳各種計畫及禁煙實施辦法，十二時到官邸，參加幹部會餐，與胡、郭二廳長同時進見，商川省民、教二部份之工作，一時午餐。餐畢，委員長有簡單指示，以注重人事調查與確立經濟制度之研究，勉在座諸同志。並囑各人陳述意見。至三時完畢，歸寓小睡五十分鐘。四時到官邸往謁，奉交下意見書及計劃十二件，命再加審查。到四組核閱文件九件。七時歸寓。四聯總處楊科長及盧子英先後來談。夜閱川教育方案，承命擬發新聞稿一則交中央社。十時卅分寢。

11月26日　星期日　陰　五十六度

九時十五分起。閱情報多件。十時張毅夫兄來談浙省政治近況，約五十分鐘始去。十一時芷町攜川省禁煙實施辦法大綱之審查意見等來談。十二時午餐。餐畢，將審查報告核閱，並核閱電稿（以委員長名義致暹羅國務總理者）。又簽呈皖省黨政人選。二時卅分張子羽兄來詳談別後一年來情形及今後外交趨勢。四時枕琴先生來談。接委員長黃山來電話，命與國防最高會接洽將行政院各部會長辭呈退讓，即電許局長，張秘書長照辦。謝秘書耿民來談

卅分鐘去。夜核閱四組文五件。十一時寢。

11月27日　星期一　陰　五十五度

　　九時起。以連日事繁，甚感疲倦，未去參加紀念週。十時鼎丞先生來訪。旋趙棣華、谷正綱來談第三戰區經濟委員會事。十一時卅分去。聞敵機襲梁山機場，竄入墊江附近。十二時卅分待續報，知已飛回矣。午餐畢，閱情報及參考消息。小憩至二時卅分醒。略有心跳之疾。往新昌賓館訪朱霽青先生，談廿分鐘歸。朱雲光兄來談。半小時而去。閱六組件二十五件、四組件八件，審核中央黨部九月份工作實施表、十一月份工作進度表二件。閱四聯總處議事日程一件。滄波、芩西先後來談。七時卅分晚餐，餐畢，胡、郭二廳長來詳談。立夫來訪。十一時寢。

11月28日　星期二　陰　五十五度

　　八時卅分起。立夫送來三民主義問答一冊，係總裁飭教部編撰者，竭半日之力為審閱一過，覺體例及措詞尚有應斟酌處。十二時往官邸陪新之、琢堂、佩箴等諸人午飯，席間談滬、港各地情形甚詳。二時再謁委員長，請示預算編訂等事宜。回寓閱定關於川省推進新縣制各項計畫之審查報告。並起草川省教育部分各方案計畫（郭廳長攜來）之審查意見。五時馬博庵君來談辦理江西省立中正大學之計劃。今日下午可謂刻無暇晷。六時閱六組情報十餘

件。八時閱四組文件八件。患傷風甚劇。有輕微之寒熱。
十時洗澡畢即睡。

11月29日　星期三　陰　五十四度

氣候陰鬱，寒冷傷風仍未癒。九時醒，覺甚疲倦而
畏寒，再睡至十一時始起。自覺此五、六日來身體又不如
前矣。十一時卅分委員長約往談貴嚴使俄事，口授大意，
命擬函稿。十二時卅分舉行參事會談。博生、芃生、介
侯、子纓、雪艇均有報告，而介侯所言者泛濫廣博，費時
最久，至二時卅分始完畢。不待客散即先歸寓。小睡竟作
極複雜之夢，與數人行於泥濘之山坡，愈努力愈不能前
進，醒後心緒尚極惡也。研究函稿甚覺難於下筆。晚餐後
驥先來詳談，十時五十分始去。急收斂思慮，起草函稿，
時間匆迫，只安排大概而已。十二時寢。

11月30日　星期四　陰　五十二度

八時五十分起。今日傷風已癒其半，取昨晚草成之
函稿再為修潤之。至十一時脫稿即親賚呈閱。委員長適
與盧永衡總司令及張季鸞談話，未入見也。回寓與唯果
談青年團工作計劃大綱，其所見與余大概相同。午餐後
閱講稿一件。四時往謁委員長。代驥先陳述黨務。委員
長近日疲勞較甚，即晚往對岸休息矣。到四組，閱批表
多件。六時回寓，力子來談。閱六組、四組文件畢，經
柴家菴40號康心如家，應季鸞晚餐之約。同餐者于、

孔、何等十七人。九時歸。郭、胡兩廳長來詳談，川民
政、教育、禁煙等事。十一時客散後閱私函。十二時十
分寢。

12月1日　星期五　陰　五十四度

七時廿分起。八時出席本室國民月會，抽定徐學鏗、袁惠常、王宇高三君講演，余為作結論。九時散會。到辦公室，核閱去電稿三件，交辦川省府三件，十時卅分歸寓。閱共黨問題及其對策，此為胡秋原君所擬，證論甚警闢。十一時卅分外出散步，七弟為我攝影。十二時歸午餐，餐畢，允默進城購物，余午睡。醒後與中宣部及賀專使接洽諸事，皆委員長所命也。四時滄波來談，決計擺脫中央日報，五時卅分去。閱六組、四組情報文件。夜張君勱及賀貴嚴公使先後來談。十二時寢。

12月2日　星期六　陰　五十四度

八時廿分起。今日又續患傷風，氣管閉塞，甚覺不舒。此一週來，精神腦力均有疲散之象，睡中多夢，夢中皆在擬改複雜難解之方案與條文，蓋由近來見客稍多，而接洽之件較繁之故也。十時果夫來談廣播電台及中政校等各事。午餐後道藩來談中央政校及國民大會等事。又今日上午唯果秘書來談數日來會客情形及青年團等諸事。此均極複雜而難解決者。午後傷風更劇，為王外長接洽法大使戈思默明日進見事。其後即覺心力散漫，不能作事。立夫邀晚餐，謝之。十時半寢。

12月3日　星期日　陰　五十六度

八時五十分起。閱報載：蘇聯與芬蘭人民政府正式

發生關係，否認芬京政府，其陰沉猛銳，洵足令全世界
國家驚心怵目矣。美國對蘇表示日惡，此於中國抗戰最
足發生不利之影響，甚為可憂，十一時卅分委員長約往
談，對函稿略有更易，命攜歸留底，並譯外語。即託張
淮南君照譯。小睡起，改定民族文化學院之呈文稿，送
張君勱會簽，並函中央社發表學院之組織大綱及學則。
驪先等來約談，以事冗來接晤也。閱四組、六組各件
畢，已八時餘。往訪賀貴嚴縱談國際形勢，十時卅分歸
寓。十一時卅分寢。

12 月 4 日　星期一　陰晴　五十七度

　　八時卅分起。今日中央政校校務委員會以事未及出
席。閱情報十餘件。接黃山電話，命攜函稿往謁。十時過
江，氣候頗晴爽，十一時到官邸以函稿再呈改繕，並另擬
乙種函稿備用。委員長均親繕之，一時事畢。文白主任偕
王治易總司令來謁，二時午餐，餐畢，偕唯果同歸。途中
覺傷風又作，至晚仍不止。公展兄來談宣傳部近事，並談
滄波辭中央日報職務，雪艇囑余挽勸，然余知滄波辭意甚
堅也。夜與果夫在電話中談中政校事。代批文電十六件。
九時到官邸會談外交，孔、張、王外長、雪艇、貴嚴均
到。十時卅分談畢，往貴嚴家小坐即回，十一時卅分寢。

12 月 5 日　星期二　陰　五十八度

　　六時四十五分起。與芷町赴飛機場送賀貴嚴將軍行，

到場送行者何參謀總長以次共六十餘人。八時十分起飛後
與孫燕翼君同車歸寓。十時蔣銘三君來談陝省政治及天水
行營等事，力言綏德地位之重要，所見殊遠。十一時沈莿
齋君來談西南聯合大學事及昆明情形，約卅分鐘而去。余
今日傷風又劇，氣管作痛。午餐畢小睡不久即起。為委員
長改定致青年會總幹事會議之演詞。聞吳子玉昨日在平逝
世矣。傍晚閱六組情報及四組文件。騮先來談卅分鐘去。
晚餐畢，芷町來談。九時卅分覺咳嗽更甚，遂寢。

12月6日　星期三　陰　五十九度

九時起。傷風未癒，體寒如粟，甚感不舒。允默等
為甥女備嫁具入城購物，余獨坐無俚，又無精神作事，
甚為悶悶。閱情報及外報消息多件。十一時委員長約往
談，命擬慰唁吳子玉家屬電，並以冬季攻勢發動在即，
命草擬激勵各戰區將士之電令。歸寓午餐畢，略睡即起
而辦理之。閱六組各件畢，覺畏寒更甚，委員長命往陪
顧孟餘晚餐，遂以病請假焉。晚餐食稀飯兩小碗，不敢
多食，以有瀉疾腹痛也。芷町攜手諭數則來，商談甚久
而去。十時即寢。

12月7日　星期四　陰　六十度

八時十五分起。盥洗畢，不及進餐，即赴國防最高
委員會出席第廿一次常會。岳軍秘書長請假，為代行其職
務。討論對國聯開會之應付，歷時甚久。十一時委員長親

荵主席，乃決定發出訓令之要旨，並通過二十九年度概算案，散會已一時餘矣。唯果來寓同午餐，餐畢，委員長命偕雪艇同往商談：對蘇芬問題輿論應作何表示。由委員長指示大意，命作一文以備研究。歸寓囑唯果撰擬之。為委員長校發訓令稿一件，代蔣夫人擬另唁吳夫人電，並核呈來件三、四件，覆貴嚴電。傍晚閱六組、四組各件，芷町來談，夜處理私函十餘通。十一時寢。

12月8日　陰　星期五　六十一度

八時十五分起。唯果寄來論蘇芬問題與國聯態度論文一篇，以二小時撰成，可謂敏捷，為斟酌潤色後呈閱。十時卅分滄波來談。十一時廿分到官邸，參加星期會談，到張伯苓、左舜生、羅隆基、盧作孚、何廉等二十六人。十二時卅分午餐，席間交換對於日蘇、日美關係檢討之意見，委員長綜合指示，二時散。歸寓略睡即起，研究減少呈件之辦法。閱復性書院請假。傍晚核閱六組件，代批四組件十件。芷町來談，多感慨語，聞之不怡。夜閱駐外各使報告國聯開會之電文多件，服藥二片，十時卅分寢。

12月9日　星期六　陰　六十度

八時十分起。寄泉、皋、細兒各一函。九時卅分慶祥來談電務人員訓練班事。十時到曾家岩舉行侍從室室務會報，討論呈閱公事之標準及房舍配置等問題。十二時舉行黨團等幹部會報，並敘餐。委員長指示為謀人事組織之

健全，必須勵行經常考核之意義甚詳。二時卅分始散。約
唯果到寓詳談，對以後處務之進行詢其意見。彼謂，余之
弊在放不下，要好之心太急，而體力不足以副之，宜學委
員長之安詳明逸。其言甚當。午後小睡，僅十分鐘即醒。
六時十五分晚餐，餐畢，代批公事八件，核呈九件。章行
嚴君贈余七律一首，託芷町帶來，其意可感。十一時寢。

12月10日　星期日　陰　五十八度

　　九時起。今日精神仍覺不振，決心休養一天不理公
務。力子先生來，未及晤談。閱中央政校出版之服務月刊
三期及各雜誌日報之論文八、九篇。張其昀君撰首都的吼
聲一文，以紀念兩年前首都之淪陷（十二月十三日），誦
之無限感慨。午後閱王宇高君所撰之武嶺公園記，為修潤
之。宇高之文甚有情致，惜用語尚未能勻稱也。傍晚唐乃
建兄來談關於建立考核制度之所見。閱六組情報十七件、
四組文件十件。芷町來談工作困難。十一時寢。

12月11日　星期一　陰　五十七度

　　九時卅分起。連日服安眠藥，而睡中均不安恬，神
思繁亂，至為苦悶。此次之精神病，不料又難痊如此，皆
因十一月廿六、七以後不知休息靜養（屢思請假二、三日
而終無機會）之故也。十一時卅分委員長約往談話，授以
關於仇貨私運問題之文件，謂宜由軍委會行政院研究一防
止辦法，又詢近日來呈閱之公事，十二時廿分退。謝秘書

耿民來訪，以委員長今日宣誓就行政院長職。攜誓詞來蓋
印也。午後又小睡一小時餘，三時起，精神仍未復原。閱
第六組情報廿件、四組文件十一件。夜邵毓麟秘書來詳談
工作情形。閱關於文化之論文八篇。十一時寢。

12月12日　星期二　雨　五十五度

八時卅分起。余所賃之屋黯黑潮潤，今日望弟為雇
匠人加以粉飾，乃移鄰室辦事。近來積疊之件日多一日，
而精神頹散，無法自振，心中之繁亂，真不堪言狀也。接
果夫函，商中央政校之教育長事，又是一難決之事件。午
後小睡起，似覺心思稍定矣，張元夫先生來訪談，廿分鐘
而去。此人殊覺儒雅，然思想似未能深入，殆環境使然
也。四時滄波來談甚久，對中央日報辭職已不堅持矣。閱
六組情報十餘件，代批四組件五件。七時孔先生招宴，到
黃琪翔、盧永衡、潘宜之、陳樹人等十人。九時宴畢歸
寓。略談後，十一時寢。

12月13日　星期三　陰　五十二度

八時卅分起。閱情報十餘件，轉呈顧大使及顏駿人
來電各一件。十時鄭延卓處長來談辦公廳工作分配之情
形，言將添設一黨務科，唯人選殊難物色云云。午刻唯果
來談甚久，詢余以中央日報近週來社論內容之意見。午餐
後又續談一小時始去。精神疲滯散亂，視昨日尤甚，不得
已具書委員長請給假四天，得電話准許，並囑靜養。其曲

加體諒之處，令余感動於心。顧厪軀如此，何以報之乎。
閱六組、四組件如常。聞溪口昨日被炸。十一時寢。

12月14日　星期四　雨　五十度

　　九時起。昨夜未服藥，睡眠尚佳，但仍多夢，而夢
境仍極複雜，知腦病非倉猝間所能痊癒也。續得消息，知
毛夫人竟以避匿牆下，為牆倒所壓斃。如此慈祥寬厚之
人，死於非命，殊可痛矣。午餐後小睡醒，讀馬湛翁寄來
之書院語錄，其學規部分丁寧周至，至堪玩誦。讀書法及
書目以六藝為綱，次第說明，亦具有條貫。傍晚閱六組件
十五件、四組件九件。奉手諭一件，為派委專人研究金融
及川省政事。夜芷町來談，至十一時始去。十二時寢。

12月15日　星期五　陰　五十度

　　八時卅分起。今日平玖甥女于歸無錫顧祖銘君，何
宅假生生花園為禮堂，十一時廿分前往道賀，到男女賓客
約四十人。參與婚宴畢，三時歸寓。追念吟兄，感慨無
已。小睡至五時醒。精神仍極疲，因頭痛不癒，思欲料理
積件，心思終不能集中，只得置之。六時卅分晚餐畢，芷
町攜文件十一件來談，今晚可亭招飲，未遑赴也。夜閱六
組情報二十五件畢，不復能作事。十一時寢。

12月16日　星期六　陰　五十五度

　　八時十五分起。十時顧祖銘君偕平玖歸省其母，余

亦往見之，覺其人尚質樸。詢以在僑務委員會工作之情形，暇時擬託樹人先生特加指導。十一時平玖去。午餐後九妹及細兒等均歸校，余小睡至三時醒，心跳之症未癒，甚為煩悶。中央黨部及團部送科長以上名冊來，為簽擬約見辦法送呈之。蕭自誠來談分配二十九年日記之標準。晚餐後閱六組情報二十一件。九時芷町來，研究財部簽覆關於川省府財政金融之件，並閱四組文件十件。十一時三十分寢。

12 月 17 日　星期日　陰　五十四度

十時卅分起。體力精神未復，故多睡若干時以補足之。知孫院長昨日已由歐歸來，未及往迎。今日正午緬甸訪華團謁見委座，由張主任引見，余亦以病未參與。午刻苓西兄來訪，午餐後談一小時餘而去。小睡至四時醒。今日不閱六組情報件。六時晚餐後閱四組文件十二件。芷町以母病怱怱歸去。九時卅分往謁委員長，報告中央政校等事，並請續假三、四天，承諭准許。十時辭歸，接憐兒自昆明來函，又接大哥函，祝余生日。十一時卅分寢。

12 月 18 日　星期一　陰　五十四度

九時起。致楚傖、果夫各一函，報告總裁對於統一建國同志會信約及中政校人選更迭之意見，此兩事皆於今日上午集會商談，余以腦病畏寒，均未能列席也。十時聞有敵機六十餘架自漢西飛，即發警報，後知在來鳳、梁山

等地投彈而回。十二時警報解除。午餐後小睡至二時醒，心思仍散亂不能作事，徬徨繞室，痛苦異常。傍晚閱四組文件十件。對青年團全國青年組訓方案簽附意見。自笑積習未忘，然殊不能默爾。夜陳克成君來談甚久，瑣瑣陳述，殊不堪耐。九時勉抑思慮，為委座起草中國工程師學會年會之訓詞一件，十一時卅分寢。

12月19日　星期二　晴　五十四度

九時卅分起。十時聞空襲警報，敵機自湘黔邊竄入川境者先後四、五批，在自流井、瀘州等處盤旋甚久，並有一批飛至江北投彈而回。自十一時起，至三時始解除警報。居防空壕中凡四小時，妨害工作甚矣。午餐後小睡至五時卅分起。六組送來情報件先後三次，約共五十件，一一批閱，費二小時始完。並核辦四組送來之件，以電話詢芷町母病，知仍未痊。九時枕琴先生來訪，發致經國兄唁電。十一時寢。

12月20日　星期三　陰　五十五度

八時五十分起。精神依舊頹散，此次之病，不易恢復如此，殊非始料所及也。接賀、楊自海外來電，即擬祝電一則，併呈核閱，並為國際宣傳處接洽贈送緬甸訪華團禮物之事件，至十二時始克完畢。午餐後小睡一小時。二時起，閱情報等件，覆六弟函，並致皓、憐各一函，稍一作事，便覺頭痛心煩，真堪恨恨。傍晚閱六組呈件，函唐

組長述情報發交宣傳應有標準。夜芷町、唯果先後來談。
十一時就寢。

12月21日　星期四　陰　五十六度

九時起。今日精神略有恢復之象，但腦筋仍覺脆
弱，驟聞聲響，仍不免心臟跳躍，唯頭痛已癒大半。延王
宇高君來診脈，謂可服酸棗仁湯，且試服之。上午閱報及
情報，校閱參政會內政，外交（九月十七）報告詞（昨日
始奉核正發下者），送王秘書長。午後小睡甚久，至四時
始醒。今日乃為真正休息矣。與公嘯通電話，約明日商密
電訓練班事。傍晚精神較佳，閱六組十八件，晚餐後核四
組呈件八件，校改講演詞四篇。十一時寢。

12月22日　星期五　陰　五十四度

九時卅分起。委員長囑張副官來電話詢病狀，告以
尚未痊可，想其得報之後必感覺十分煩悶。如此病軀，真
不堪廁居侍從人員之列，為之奈何。胡大使來電告二十日
見總統，現金借款似無希望，唯代我疏通越南當局協助貨
運，即將此電提呈之。今日精神又極不振，心緒更見煩
亂，午後小睡至二時起，頭痛甚劇。四時約徐公嘯、毛慶
祥兩君商電務人員訓練班事宜，派定陳宗熙為教育長，並
決定考試科目等，六時散。芷町攜文件八件來談，即處理
之。今日未閱六組件，囑唐組長代閱。夜閱黃鎮球所著防
空經驗甚得益。孤帆貽余冬暄草堂師友書札存，杭州陳蘭

州先生所藏也。書共六卷，李蒓客、譚仲修、施均父均有詩札多通。余最愛施均父之各函，披閱二卷，如對昔賢。十一時卅分就寢。

12月23日　星期六　陰　五十五度

九時起。延王宇高兄再來診，謂脈息較昨日稍佳，然余自省精神仍極不濟也。岳軍來電話，商川省禁煙事。唯果兄來談甚久，謂委員長對青年團事督促甚至。今日會報（侍從室），余仍請假。傍晚杜月笙君來談上海統一組織活動事。正午文白、果夫兩君來視疾。午後小睡一小時醒，理髮。乃建兄贈余蠟梅花一枝，並來問疾。續閱冬暄草堂師友牋存，如對昔賢，愛不釋手。以芷町好書法，以此貽之。傍晚呈閱楊大使電，並核閱四組件。夜芷町來談，贈余四律句，其意可感也。後日為余生日，諸友紛謀祝賀，均婉謝之。十二時寢。

12月24日　星期日　陰晴　五十四度

八時醒。忽覺心中煩躁，似疢戾重積也者，即起盥漱後靜坐始已。旋奉委員長手示，以余明日生辰，親書「寧靜致遠澹泊明志」八字相贈，瞻對感激，作一長函報謝，午刻蔣夫人製餅餌相貽，亦函謝之。今日親友知者漸集，七弟及辟塵均來寓，永甥、積祚亦先後來此，余恐勞擾眾人，決暫離寓。四時到領事巷康宅，訪力子、滄波兩兄，夜滄波為設筵，到賓客二十四人，飲酒三、四杯，十

時席散，與右任先生及季鸞、力子長談。一時始寢。

12月25日　星期一　五十二度　晴

九時五十分起。今日陰歷十五，適為余四十九年前誕生之日，浮生草草，忽過中年，溯往思來，但有感喟。自念資性本非下愚，家庭之庇蔭，亦視常人為優厚，然蹉跎半生，終無成就，朋儕或以蓄德能文期許於余，然余實自知辜負天賦，辜負環境之罪愆為無可追贖也。曾滌生之自箴曰：「聰明福祿與我者厚哉，棄天而佚，是及凶災。」而今而後，唯當勉為自強，以期補過而已。委員長及夫人約午刻到邸歡敘，知賓客甚多，且余另有成約，遂辭謝未往。午刻右任先生治饌相餉，騮先、佩箴二人來余宅相訪，友朋之意良可感也。午飲酒三爵，微醺。三時席散，小睡兩小時。睡起。覺精神爽適，心氣曠怡。力子、季鸞傍晚均集。沈尹默師及汪旭初、曾通一、郭任遠諸君均來會。晚間錢新之、吳南軒兩君以北方餐為余治觴，到賓客二十五人，真不敢當。席散已十時餘，康心之君（主人）再留談讌，直至宵深方歸。允默猶秉燭以待，謂諸兒均有來函祝嘏，四弟亦有來電云。王調甫、錢萬儀兩生留宿余寓。十二時卅分寢。

12月26日　星期二　晴　五十四度

九時卅分起。連日有陽光，精神為之一爽。三星期來之小病，似已就痊矣。閱諸友所賜之文字，感慚不可言

狀。允默為述昨日有同事多人均來寓，盤桓甚久而去，而竟未與招待，念之彌可感也。到官邸，值委員長外出，即過文白處，親自道謝。歸寓午餐。午後到四組處理積疊各件，並閱中央黨部十月份實施報告。五時歸，乃建、唯果、自誠、實之等來訪。閱六組件。夜九時親往謁謝委員長及蔣夫人。十時歸，十一時寢。

12月27日　星期三　晴

九時五十分起。接泉兒廿五日成都來函，孺慕之意，頗復誠摯，具能知余之心境，亦殊可喜慰也。閱情報各件及電文多起。知同人中一部分擬明日出發，第二處仍指定李、俞、蕭三人出勤。約自誠來函，又詢唯果病狀，謂已痊癒，無礙行旅也。午後陳宗熙來談電務訓練班事，宗熙擔任本班之教育長，商定教科支配大概及事務方面之手續。傍晚閱六組件及四組要件。六時承命改擬談話稿，九時攜往再酌。十時送交中央社發表，為駁斥敵人宣傳也。十一時卅分寢。

12月28日　星期四　晴　五十五度

九時卅分起。覆細兒一函，閱軍委會來文，為成績總檢閱事。發賀大使一電，覆寢電也。午刻井塘、逸樵兩次長在教部招飲，辭未赴。午餐畢，小睡卅分鐘。二時果夫來訪，談川十六區專員事及中政校事。張曉峯、李熙謀兩君來訪，商浙大遷黔事，請委座特予資助。四時趙俊

欣來訪，未接談。今日四組呈件極複雜難決，芷町攜件來商，為商酌處理之。至六時廿分始畢。今日德哥、實弟在寓治饌餉余，實弟婦及二表姊同來會餐，飲酒三杯，覺微醉。九時謁委員長，報告各事。訪枕公。十一時寢。

12 月 29 日　星期五　陰　五十六度

七時四十分起。覆楊佛士、楊雲史各函，謝贈壽詩。並致曹谷冰函，託匯羅款。九時出席本室研究大會，由唐組長講演軍事情報，陳組長講演公文處理，並討論提議案四件，十一時卅分散會。到四組核發文電二件，即往見委員長。奉命明日赴成都。回寓午餐畢，往訪季鸞，送報館款，略談歸。補辦積件，小睡卅分鐘起。佩箴來談甚久而去。傍晚核閱四組文件及發文多件，夜整理舊案。十時卅分岳軍來談，十一時卅分去，即發。

12 月 30 日　星期六　陰　五十四度

八時廿分起。以預定有成都之行，故盥洗畢後即整理行篋，十一時遣陳清先行（後以機場不便停機未成行）。清理積件，並檢對外文電交子猷繕存於另冊。覆私函四緘，至一時完畢午餐。午後二時疲甚小憩，至四時醒。莊仲文君來談甚久。旋趙俊欣君來訪，察其所言，似尚刻實。唐組長送來六組考績名單，即為核定之。閱六組情報及四組文件十二件。夜芷町來詳談。核改精神總動員委座元旦講詞。十一時完畢。就寢。

12月31日　星期日　陰晴　五十五度

　　九時起。攜改正之元旦講演稿往見委員長，奉命照
此發表。並報告川省專員調動諸事，知朱德等有日有極離
奇之通電，向委員長索閱攜歸錄存之。撰擬犒勞各戰區
將士之電稿，至午刻完畢。細兒及皋兒來家歡敘。午後
小睡起，閱六組批表及本日呈件（情報）十二件。學素
來寓，與談本室區黨部諸事。夜望弟治酒肴相餉，德哥
來共餐。七時到官邸，陪同琢堂、漢章、伯南諸先生歡
宴，辭歲。十一時寢。

民國日記 09

陳布雷從政日記(1939)
The Official Diaries of Chen Pu-lei, 1939

原　　著　陳布雷
總 編 輯　陳新林、呂芳上
執行編輯　林弘毅
封面設計　陳新林
排　　版　溫心忻、盤惠秦

出 版 者　開源書局出版有限公司

香港金鐘夏愨道 18 號海富中心
1 座 26 樓 06 室
TEL：+852-35860995

民國歷史文化學社

10646 台北市大安區羅斯福路三段
37 號 7 樓之 1
TEL：+886-2-2369-6912
FAX：+886-2-2369-6990

銷 售 處　源流成文化 股份有限公司

10646 台北市大安區羅斯福路三段
37 號 7 樓之 1
TEL：+886-2-2369-6912
FAX：+886-2-2369-6990

初版一刷　2019 年 9 月 25 日
定　　價　新台幣 300 元
　　　　　港　幣　80 元
　　　　　美　元　11 元
I S B N　978-988-8637-16-4
印　　刷　長達印刷有限公司
　　　　　台北市西園路二段 50 巷 4 弄 21 號
　　　　　TEL：+886-2-2304-0488